커넥션

커넥션

백은종, 유영안 편저

"청산하지 않은
역사는 반복된다!"

서울의소리

청산하지 않은 역사는 반복된다!

커넥션(connection)이란, 컴퓨터와 통신에서 사용하는 말로 '접속' 또는 '연결'이란 의미를 갖고 있다. 주지하다시피 현재 대한민국의 기득권 카르텔은 대부분 '친일'로 연결되어 있다. 일제에 부역하면서 부와 권력을 누린 친일파 후손들이 결탁해 거대한 '이익집단'을 형성하고 있는 것이다.

광복 77년, 그러나 아직 한반도는 분단되어 있고, 수구들은 영구분단을 획책하고 있다. 이들은 선거 때마다 영향력을 행사하여 자기들끼리 이익을 공유했다.

이에 서울의 소리는 친일의 뿌리를 추적하고 그것이 윤석열 정권까지 이어져 어떤 커넥션을 이루고 있는지를 고발하고자 이 책을 출간했다.

각종 사료를 바탕으로 저술되었으며, 인용된 글이나 사진은 가능한 한 인용 표시를 하였으나, 출처가 불분명한 사진은 생략했다. 이 점

양해해 주기를 바란다.

역사를 잊은 민족은 미래가 없고 청산하지 않은 역사는 반복된다. 민주 양심 세력의 일독을 권한다.

2022년 가을에

백은종, 유영안

“청산하지 않은
역사는 반복된다!”

문화체육관광부

차례

제1부 윤석열의 친일 커넥션

제2부 윤석열과 친일신문 조선일보와의 커넥션

제3부 조선일보와 일제, 독재정부와의 커넥션

제1부

윤석열의 친일 커넥션

친일 본능을 유감없이 드러낸 윤석열의 8.15 경축사

2022년 올해는 광복 77주년이 되는 해이다. 역대 대통령들은 8.15가 되면 대대적인 사면 복권을 하고 경축사를 하게 되는데, 예상대로 윤석열은 친일 본능을 드러냈다.

〈8.15 경축사를 하는 윤석열. 사진: N뉴스〉

윤석열은 경축사에서 일제가 저지른 만행에 대해선 언급조차 하지 않고 일본을 "자유 위협에 맞서 힘을 합칠 이웃"이라고 말했다. 여기서 '자유 위협'이란 바로 북한을 가리키는 말이다. 즉 북한이 또다시 쳐들어오면 일본과 힘을 합쳐 막아내겠다는 의미다.

윤석열의 이 말에는 무서운 의미가 내포되어 있다. 한반도 유사시 일본 자위대 개입을 허용할 수 있다는 의미로 읽히기 때문이다.

주지하다시피 한국과 미국은 군사동맹을 맺어 한반도 유사시 미국이 자동으로 개입하게 되어 있지만, 한국과 일본은 군사동맹을 맺지 않았으므로 한반도 유사시 일본이 개입할 수 없다.

〈자위대를 사열하는 아베. 사진: 서울신문〉

2차 대전 패전 국가인 일본은 개정된 평화헌법에 따라 전쟁을 수행할 수 있는 군대를 갖지 못하게 되어 있다. 하지만 일본을 이용해 중국을 견제하려는 미국의 배려로 자위대가 군대 못지않은 힘을 갖게 되었다.

일본은 패전국이면서도 한국에서 발발한 6.25를 이용해 경제 발전을 이루었고, 미국의 동북아 정책에 따라 사실상 패전국 지위에서 벗어나 발전했다.

과거의 향수를 잊지 못한 일본은 호시탐탐 국군주의를 지향하며 다시 한번 세계를 정복하겠다는 야심을 품고 있다.

그러나 한국과 일본을 이용해 중국을 견제하려는 미국의 동북아 정책은 껄끄러운 한일관계 때문에 마음대로 이루어지지 않았다.

그런데 윤석열이 대선에서 승리함으로써 미국과 일본에 희망이 생겼다. 친미 반중을 외교의 기조로 택한 윤석열은 틈만 나면 미국을 찬양했고, 일본을 '가장 가까운 나라'라고 표현했다.

이번 8.15 경축사에서도 윤석열은 일본이 한국에 경제 보복을 한 것이나 위안부 문제, 강제 징용 문제에 대해선 일절 언급하지 않고 일본을 "자유가 위협받을 때 힘을 합칠 이웃이다."라고 말했다.

그러자 민주당은 물론 독립 유공자 협회에서 '역대급 망언'이라 악평했다. 다른 행사도 아닌 8.15 경축사에서 일본의 만행은 지적하지 않고 '이웃, 친구'란 표현을 할 수 있는지 기가 막힌다.

윤석열은 8.15 경축사에서 "일본은 이제 세계 시민의 자유를 위협하는 도전에 맞서 함께 힘을 합쳐 나가야 하는 이웃"이라며 '김대중-오부치 공동선언'을 계승해 한일관계를 빠르게 회복하고 발전시키겠다고 선언했다.

그러나 김대중-오부치 공동선언' 전에 일본이 한국에 정식으로 사과를 했지만 아베 정권은 사과는커녕 독도가 일본 땅이라고 왜곡하며 초중고 교과서에 실었다.

그것도 모자라 윤석열 정권은 강제징용 손해배상 대법원 판결을 앞두고 일본전범기업 자산현금화를 하지 못하도록 의견서까지 냈다.

이에 대해 시민단체와 독립 유공단자 단체는 윤석열 정권의 굴욕적 대일외교에 대해 성토하는 집회를 열었다. 박근혜 정부에 이어 윤석열 정권까지 위안부 할머니들과 강제 징용 피해자들의 가슴에 못을 박았기 때문이다.

〈사진: SBS 뉴스 캡쳐〉

윤석열이 연일 일본에 외교적 구걸을 하고 있을 때, 일본 기시다 총리는 보란 듯이 신사에 공물을 봉납하고 각료들은 3년 연속 참배를 했다. 사실상 윤석열 정권에 엿을 먹인 것이다. 그래도 한마디 말도 못하는 윤석열 정권을 보고 합리적 보수층도 돌아섰다. 윤석열 정권의 국정지지율이 폭락한 이유 중 하나가 바로 굴욕적 대일 외교에 있었던 것이다.

윤석열은 8.15 경축사에서 사회주의 계열 독립운동가들은 인정하지 않은 반면에 "공산세력에 맞선 자유국가 건국 과정도 독립운동이다." 라고 말해 파장을 일으켰다. 그렇게 되면 이승만, 박정희 정권에 충성한 친일파들도 독립운동가가 되어 버리는 것이다.

〈사진: 진보당〉

윤석열은 8.15 경축사에서 '자유'를 33번 외치면서도 '자주'란 말은 한 번도 하지 않았다. 윤석열이 말한 '자유'란 6.25 전쟁으로부터 나라를 지킨 이승만 세력을 말한다. 그러나 자주 없는 자유가 존재할 수 있을까?

윤석열이 존경하는 이승만은 '반민특위' 설치를 방해하였고, 급기야 경찰을 보내 해체시켰다. 그리고 군인, 경찰, 행정 관료 80%를 친일파로 채웠다. 친일파를 제외하면 쓸 만한 '먹물'이 없다는 논리로 말이다. 몽양 여운형이 암살되고 백범 김구가 암살된 것도 뒤에는 미국이 있었기 때문에 가능한 것이었다. 미국 유학파인 이승만 자체가 미국의 꼭두각시였던 것이다.

윤석열은 과거사에 대한 언급 없이 '보편적 가치'에 기반한 미래 지향만을 강조했지만 정작 일본의 반응은 싸늘하다. 윤석열 정권을 길들여 자기들 마음대로 주무르겠다는 뜻일 것이다.

윤석열은 경축사 서두에서 일제 강점기의 독립운동에 대해 "국민이 주인인 민주공화국, 자유와 인권, 법치가 존중되는 나라를 세우기 위한 것이었다"며 "자유와 인권이 무시되는 전체주의 국가를 세우기 위한 독립운동은 결코 아니었다"고 규정했다.

〈홍범도 장군 유해 봉송. 사진: 뉴시스〉

윤석열의 이 말은 문재인 정부 때 홍범도 장군의 유해를 봉송해 온 것에 대한 불편한 심기를 드러낸 것이다. 친일 고문 경찰 노덕술에게 뺨을 맞고 분을 참지 못하고 북한으로 간 김원봉 장군도 윤석열에겐 독립운동가가 아닌 것이다.

〈김원봉 장군. 사진: EBS〉

〈사진: 다음 카페〉

하지만 일제 강점기 만주에서 일제에 저항해 싸운 항일 무장 투쟁가들 대부분은 사회주의계열이었다. 이를 독립운동으로 인정하지 않은 것은 그만큼 윤석열이 역사에 무지하고 이념 편향적이란 것을 방증해 준다.

그렇다면 윤석열의 이러한 친일적 역사관은 어떻게 형성되었으며, 누구에게 영향을 받았을까? 그 점은 다음 장에서 자세히 논한다.

CONNECTION

아베 죽음을 진심으로 슬퍼한 윤석열

아베가 죽었다. 그것도 일본 해상 자위대 소속 장교 출신이 쏜 총에 맞고 죽었다. 지난 7월 8일 오전 11시 이 소식이 전해지자 일본은 물론 세계가 놀랐다.

〈사진: 다음 카페〉

한국에 경제 보복을 가했다가 한국이 오히려 '소부장'을 자립해 버리자 몸에 병을 얻은 아베는 총리에서 물러나 있다가 참의원 선거를 앞두고 나라현 나라시에서 찬조 연설을 하다가 한 사내가 쏜 총에 맞아 죽은 것이다. 그런데 그 사내가 한국의 통일교에 불만을 가진 것으로 알려져 파장이 일었다.

보도에 따르면 일본 정치가 중 상당수가 통일교의 지원을 받았다. 그것이 알려지자 아베 피살을 한국과 연계해 공격하려던 일본 극우들이 슬그머니 꼬리를 말았다. 일본은 과거 관동 대지진의 원인을 엉뚱하게 조선인에 두고 대대적인 살육을 한 바 있다.

일제는 과거 봉오동 전투와 청산리 전투에서 연이어 패배하자 간도에 사는 조선인을 무참히 살육했는데, 그게 바로 '간도참변'이다. 다행인지 불행인지 일본 정치인들 상당수가 통일교의 지원을 받은 게 드러나 조용해졌지 그렇지 않다면 일본은 아베의 피살을 한국 탓으로 돌려 대대적인 공세를 폈을 것이다. 한국의 수구들이 걸핏하면 북한을 이용해 선거를 치렀듯 일본 극우들도 걸핏하면 한국을 공격해 선거에서 승리했다.

〈조문하는 윤석열. 사진: 한겨레 신문〉

한 나라의 전 수상이 죽었으니 세계 지도자들이 조문하는 것은 당연하다. 그런 의미에서 윤석열이 아베를 조문한 것을 두고 비판할 생각은 추호도 없다. 그러나 문제는 윤석열이 방문록에 쓴 문구다.

윤석열은 방명록에 "아시아의 번영과 발전을 위해 헌신하신 고 아베 전 총리의 명복을 기원합니다."라고 첫 문장을 썼다.

외교적 수사일 수도 있지만 과연 아베가 아시아의 번영과 발전을 위해 헌신했을까? 다른 나라는 몰라도 35년 동안 일제의 지배를 받은 한국인에겐 받아들이기 힘든 문구가 아닐 수 없다.

더구나 아베는 역대 일본 수상 중 가장 악질적인 군국주의적 사고를 지닌 자로 그의 외조부가 바로 기시 노부스케 전 수상이다. 기시 노부스케는 일제 강점기 박정희의 스승이기도 했고, 박정희가 한일협정 공로로 훈장까지 준 사람이다.

윤석열은 이어 방명록에 "가장 가까운 이웃인 한국과 일본이 앞으로 긴밀히 협력해 나가길 바랍니다." 하고 썼다.

〈방명록을 쓰는 윤석열. 사진: 연합뉴스〉

그런데 과연 일본이 한국과 가장 가까운 이웃일까? 가장 가까운 이웃이 불법 침략을 감행해 한민족의 얼을 말살하고 창씨개명까지 하며 무고한 사람들을 그토록 잔인하게 도륙할 수 있을까?

그것도 모자라 아베는 한일위안부를 부정하고 박근혜 정부를 회유해

'불가역적 한일위안부 합의'를 한 사람이다. 아베가 지금까지 한국에 퍼부은 언어폭력은 필설로 다 형용하기도 어렵다.

심지어 아베는 독도가 자기네 땅이라며 모든 초중고 교과서에 수록하게 했다. 하지만 한국의 수구들은 이에 대해 저항 한번 하지 못하고 '뉴라이트'란 걸 만들어 광복절을 부정하고 건국절을 제정하려다 여론의 뭇매를 맞았다.

윤석열 자신이 뉴라이트에 가입한 것은 아니지만 지금까지 드러난 역사관이나 일본을 대한 태도로 보아 이미 뉴라이트를 능가했다.

대선 때 뉴라이트 세력이 대거 윤석열을 지지한 것은 이미 알려진 사실이고 그중 상당수가 윤석열 정권의 요직을 차지했다. 그 점은 다음 장에서 자세히 다룬다.

CONNECTION

윤봉길 기념관에서 친일 발언?

2021년 6월 29일, 윤석열이 대선 출정식을 한다고 하자 언론들은 마치 무슨 독립이라도 쟁취한 듯 이를 앞다투어 보도했다.

〈사진: 쿠키뉴스〉

임기가 보장된 검찰총장이 자신을 임명해 준 대통령을 배신하고 나와 그것도 하필 윤봉길 기념관에서 대선 출정식을 하자 "도대체 윤석열과 윤봉길이 무슨 관계가 있느냐?"란 볼멘소리가 여기저기서 터져

나왔다. 두 사람은 성씨만 같을 뿐 연결될 수 있는 아무런 근거가 없었다. 알고 보니 윤석열 부친의 고향이 충남이라 충청 출신인 윤봉길 의사를 이용한 것이었다.

당시 윤봉길 기념관 대관 담당자는 윤석열이 여기에 와서 대선 출정식을 한다는 것을 몰랐다며, 만약 알았다면 신중하게 고려했을 것이라 말했다.

그 말이 사실이라면 윤석열 측은 대선 출정식을 말하지 않고 윤봉길 기념관을 대관했다는 뜻이 된다. 하지만 그 말을 누가 믿겠는가?

당시 국힘당에는 윤봉길의 손녀 윤주경이 비례대표로 있었다. 따라서 윤석열의 친구인 권선동과 충청 대망론이란 말을 만들어 낸 정진석이 윤주경에게 윤봉길 기념관을 대관할 수 있도록 부탁했을 수도 있다. 그런데도 대선 출정식인 줄 몰랐다니 이게 말이 되는가? 대선 출정식이 아니라 일반 기자회견을 한다 해도 신중했어야 했다.

한편 그 자리에는 이종찬 전 국정원장이 배석했는데, 이종찬은 이종걸과 함께 일제 강점기 전 재산을 독립운동에 받친 이회영 형제들의 조카다. 그런 이종찬이 윤석열 대선 출정식에 나타난 것은 아이러니하다. 이종찬은 원래 지금의 국힘당에 있다가 김대중 총재의 권유로

민주당으로 와 나중에 국정원장까지 했다.

〈대화 나누는 윤석열과 이종찬. 사진: 매일신문〉

누가 누구를 지지한 것은 아무 문제가 될 수 없다. 그러나 적어도 독립운동가 후손이라면 후보의 역사관 정도는 알아보고 지지하든지 말든지 해야 한다.

아닌 게 아니라, 윤석열은 그날 자신의 역사관과 대일본 관계를 유감없이 드러냈다.

"문재인 정부가 죽창가로 한일관계를 망쳤다."

이게 윤석열이 윤봉길 기념관에서 한 말이다. 당시 일본은 한국에 경제보복을 가해와 한국에서 '노재팬' 운동이 대대적으로 벌어지고 있을 때였다. 그런데 윤석열은 일본을 비판하지 않고 문재인 정부만 비판한 것이다. 그때 장내가 술렁거렸지만 어떤 언론도 이를 문제 삼지 않았다.

〈출정식 때 발언하는 윤석열. 사진: 세계일보〉

윤봉길 기념관 대관과 출정식 때 한 말이 논란이 되자 윤석열 측은 "윤석열의 부친이 윤봉길과 같은 충남이 고향이다."라는 구차한 변명을 늘어놓았다. 정진석은 이를 "출청대망론"으로 포장했다.

주자하다시피 윤석열은 충남에서 태어난 게 아니라 서울에서 태어났다. 부친이 충남 공주에서 태어났다고 "출청대망론" 운운하면 사돈네 팔촌까지 다 대망론이 될 것이라는 비판도 나왔다.

더구나 공주가 어딘가. 동학혁명 때 일본군에 의해 동학군이 몰살당한 우금치가 있는 곳이다. 그곳에서 태어난 부친을 팔아 충청 대망론 운운하면서 일본보다 우리 정부를 비판한 윤석열은 조국이 도대체 어디일까?

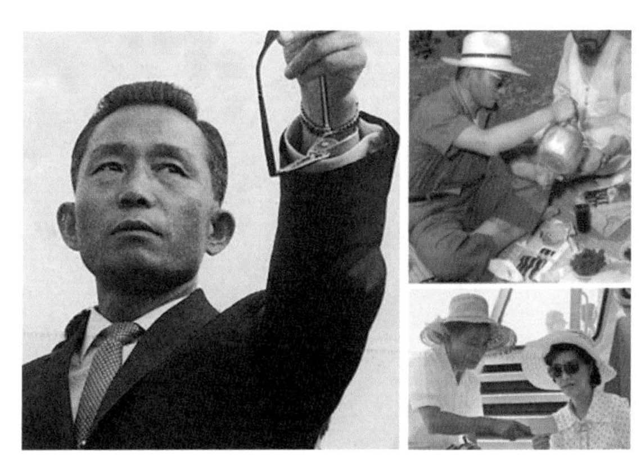

〈사진: 다음 카페〉

조선일보는 과거 박정희가 5.16 군사정변을 일으켜 집권했을 때도 '국국의 결단'이라고 칭송했다.

그러니까 윤석열은 충청표가 대선을 좌우할 것으로 믿고 충청 출신인 윤봉길 기념관에서 대선 출정식을 함으로써 정진석이 불을 지핀 충청 대망론에 편승한 것이다. 그때부터 누군가 뒤에서 기획을 해주는 세력이 있다는 소문이 퍼지기 시작했다.

〈김종필, 이회창. 사진: 충북일보〉

주지하다시피 충청은 김종필, 이회창, 안희정 같은 인물을 배출했으나 대권을 차지하는 데는 실패했다. 그러자 정진석이 윤석열을 내세워 어설프게 '충청대망론'을 띄운 것이다.

이 작전은 어느 정도 성공을 거두었다. 실제 대선에서 충청은 이재명 후보보다 윤석열을 더 많이 지지했다. 그러나 2022년 8월 현재 윤석열에게 가장 실망한 사람들이 바로 충청인들이다. 그 후 드러난 윤석열의 역사관이 거의 '친일파' 수준이었기 때문이다.

대선 출마를 선언한 더불어민주당 양승조 충남지사는 한 라디오방송에서 윤석열의 충청대망론에 대해 "언어도단, 어불성설"이라고 비판했다. 이어서 양승조 지사는 "충청과 애환을 함께했든지, 또 충청인으로부터 심판을 받은 적이 있든지, 충청인의 이익을 위해 희생하고 헌신한 적이 있든지 해야 충청권 대망론의 적격자라고 할 수 있다"라고 말해 윤석열의 충청대망론을 에둘러 비판했다.

CONNECTION

후쿠시마 원전 폭발하지 않았다고 한 윤석열

윤석열의 친일 발언은 계속됐다. 윤석열은 일본 정부와 세계원자력기구에서도 인정한 일본 후쿠시마 원전 폭발을 인정하지 않고 다음과 같이 말했다.

〈사진: 다음 카페〉

"일본 후쿠시마 원전은 폭발하지도 않고 방사능 유출도 없었다."

그러자 보수층에서도 이해할 수 없다며 논란이 일었으나 윤석열은 이에 대해 해명하지 못했다. 그저 한국 '원전 마피아'들이 해 준 말을 그대로 옮긴 것이다.

'원전 마피아'란 원전에 기계나 부품을 만들어 납품하는 기업인들을 말하는데, 이들은 문재인 정부가 추진하는 탈원전 정책에 반기를 들고 대선 때 노골적으로 윤석열을 지지했다. 윤석열은 나중에 이들을 방문해 "1조원의 일감을 몰아주겠다."라고 약속했다. 일종의 보은(報恩)인 셈이다.

〈원전 관련 압수수색. 사진: 뉴시스〉

한편, 처가 친척이 원전 관련 기업에 있는 최재형 감사원장은 문재인 정부가 월성 원전 경제성 평가를 조작했다며 감사를 펴고 그 보고서를 검찰에 보내 압수수색까지 하게 했지만 아직까지 조작 증거를 제시하지 못하고 있다.

문재인 정부가 추진한 '탈원전 정책'도 당장 원전을 없애는 게 아니라, 향후 60년 동안 새로운 원전을 짓지 않되 낡고 노후화된 원전은 차츰 폐기하는 것으로 이는 세계적 추세이기도 하다.

그러나 최재형 감사원장과 윤석열 검찰은 보조하며 월성원전 경제성 평가가 조작되었다며 대대적인 압수수색을 했다. 그러나 아직까지 관련 증거는 제출하지 못하고 있다.

주지하다시피 원전을 경제성도 중요하지만 그보다 더 중요한 것이 안전성이다. 누가 러시아 체르노빌 원전이 폭발할지 알았으며, 일본 후쿠시마 원전이 폭발할지 알았겠는가? 그 두 곳은 지금도 인간이 살 수 없는 폐허로 존재하고 있다.

〈후쿠시마 원전 폭발. 사진: 디지털 타임스〉

위의 사진처럼 후쿠시마 원전은 폭발했고, 지금도 다량의 방사능이 유출되고 있다. 일본은 방사능 오염수를 바다로 방류하겠다고 발표했으나 윤석열 정권은 이에 대해 강력하게 비판도 못 했다.

〈윤석열 부친의 집. 사진: 세계일보〉

그 뿌리에 일본 문부성이 초청한 한국 최초의 유학생 윤기중 전 연세대 교수의 가르침이 있었을 것이다. 부전자전이 아닌가. 윤기중 전 연세대 교수는 윤석열의 부친이다.

더구나 한국 원전은 경주, 울산, 부산 부근에 몰려 있어 무슨 사고라도 나면 그 일대가 직격탄을 맞게 되어 있다.

나중에 드러났지만 최재형과 윤석열은 월성원전 수사를 바탕으로 대선에 출마했다. 하지만 최재형은 스스로 "준비가 안 됐다."는 게 드러나 중간에 컷오프되었고, 윤석열은 '공정과 상식'을 팔아 대통령까지 되었다. 그러나 2022년 8월 현재 윤석열 정권은 어떤가? 국민 70% 이상이 윤석열 정권에 등을 돌리고 있다.

더구나 윤석열이 일본도 인정한 후쿠시마 원전의 폭발과 방사능 유출이 없다고 했으니 한국 원전 주변에서 사는 주민들이 무슨 생각을 하겠는가?

알고 보니 윤석열이 한 그 말은 한국의 '원전 마피아'들이 한 말을 그대로 인용한 것이었다. '원전 마피아'들은 문재인 정부가 추진하는 '탈원전 정책' 때문에 국내 원전 기업들이 망했다고 엄살을 떨었으나, 사실이 아니다. 문재인 정부 때 원전 총기수는 줄어들지 않았으며, 오히려 중동에 원전을 수출했다.

〈한국 원전 중동 수출. 사진: 서울경제〉

대선에 출마하기 전 윤석열 검찰총장과 최재형 감사원장은 서로 교감하며 청와대까지 압수수색을 했지만 청와대가 자료를 조작했다는 증거는 찾지 못했다.

정부가 실시하려는 정책을 두고 검찰총장과 감사원장이 서로 교감하며 수사를 한 것 자체가 불손하다. 헌정사상 정부가 추진하는 정책에 대해 시비를 걸고 청와대까지 압수수색을 한 것은 윤석열 검찰이 처음이다. 자신의 대권가도를 위해 임명권자의 등에 칼을 꽂은 것이다.

보수는 신의와 의리를 중요시하는데, 이런 윤석열을 대통령으로 민

보수층도 요즘은 손가락을 자주 쳐다본다고 한다. 한국 원전은 여전히 언제 터질지 모르는 지뢰로 남아 있다. 그러니까 윤석열의 친일 발언은 결코 우연히 나온 게 아닌 것이다. 거기에는 이승만-박정희-전두환-박근혜로 이어지는 '친일의 유전자'가 작용했던 것이다. 그러니 아베가 죽자 얼마나 충격에 빠졌겠는가? 한국은 아직 친일파의 세상이다.

한반도 유사시 일본 자위대 개입 바라는 윤석열

윤석열은 대선 때 "한반도 유사시 일본 자위대가 개입할 수 있다."라고 말해 파장을 일으켰다. 이는 일본 극우가 주장하는 것인데, 한국의 유력 대선 후보가 이와 같은 말을 하자 한국은 물론 일본까지 놀란 것이다.

〈윤석열, 바이든, 기시다. 사진: 노컷뉴스〉

주지하다시피 한일관계는 늘 대선에 영향을 미쳤다. 따라서 보수 후

보도 일본에 관해선 그리 관대하지 않았는데, 윤석열은 거침이 없었다. 이는 그냥 해본 말이 아니라 신념으로 굳어진 듯 보인다.

윤석열의 이러한 신념엔 한국 최초 일본 문부성 초청 유학생인 그의 부친의 가르침이 작용한 것 같다. 친미주의자인 윤석열이 바이든의 눈에 들기 위해 교언영색한지도 모른다.

그러나 윤석열의 이러한 생각은 일본의 평화헌법을 이해하지 못하고 나온 실언으로 매우 위험하다. 아니, 윤석열은 일본의 평화헌법이 무엇인지 알기나 할까? 일본 자위대에 대해서도 공부했는지 궁금하다.

윤석열의 무지는 이미 여러 곳에서 드러났다. 명색이 대선 주자란 사람이 맥아더 포고령에 있는'점령군'이란 말을 몰라 이재명 후보를 공격하다가 망신만 당했다. 이재명 후보는 당시 고향 안동에 있는 이육사 기념관에서 가서 유림들 앞에서 "해방이 되자 미군이 점령군으로 왔다."라고 발언했다. 그러자 윤석열이 대뜸 나서 "경악할 만한 역사관" 운운하며 비판했다. 그러나 얼마 후 '점령군'이란 말이 세 번 들어있는 맥아더 포고령이 공개되자 윤석열은 입을 다물었다.

〈사진: 오마이뉴스〉

주지하다시피 일본은 2차대전 패전국으로 평화헌법에 따라 전쟁을 수행할 수 있는 군대를 두지 못한다. 대신 일본엔 자위대(Self Defense Forces , 自衛隊)가 있다.

"자위대는 일본의 방위조직으로 육·해·공 3군 자위대로 이루어져 있다. 자위대는 사실상 군대이지만 '어떠한 전력도 보유하지 않고 국가의 교전권 역시 인정치 않는다'고 명시된 일본헌법(평화헌법)으로 인해 자위대라는 이름을 가지고 있다. 일본의 역대 내각은 집단적 자위권은 갖고 있지만, 전쟁과 무력행사 포기를 담고 있는 헌법 9조 해석상 이를 행사할 수 없다는 입장을 고수해 왔다. 집단적 자위권이란 자국이 직접적인 적의 공격을 받지 않더라도 동맹국이 침략받을 경우 무력으로 개입할 수 있는 국제

법적 권리를 말한다."

- 위키백과

윤석열이 주장한 것이 바로 이 '집단적 자위권'인데, 그나마 이것은 한국이 인정해야 수행할 수 있는 것이다. 역대 대선 후보 중 일본의 '집단적 자위권'을 노골적으로 지지한 후보는 없었다.

〈자위대를 사열하는 아베. 사진: 서소문 사진관〉

"집단적 자위권이란, '역사적, 혹은 정치적, 이념적, 군사적, 지리적 등 우방국과 어떠한 종류의 긴밀한 관계를 갖든 상관없이, 그 우방국이 제3국으로부터 공격을 받을 경우 이를 자국에 대한 공격으로 간주하여 반격할 수 있는 권리이다. 집단적 자위권은 조약상의 근거를 필요로 하는 것이 아니어서 권리의 행사 여부는 국가의 재량에 속한다. 국제연합(UN) 헌장 제51조에서는 무력 공격이 있을 때 UN 안전보장이사회가 필요한 조치를 취할 때까지 개별적 또는 집단적 자위권의 행사를 인정하고 있다. 우호관계국간에는 상호 안전보장조약 등을 체결하여 집단적 자위권의 행사를 서로 의무화하고 있다. 북대서양조약이나 한미상호방위조약 등이 그것이다."

- 위키백과

한국과 미국은 한미상호방위조약을 맺어 한반도 유사시 미군이 자동으로 개입할 수 있다. 그러나 한일은 아직 군사동맹을 맺지 않았으므로 한반도 유사시 한국의 허락 없이는 일본 자위대가 개입할 수 없다.

그러나 윤석열은 이러한 관계도 모르고 한반도 유사시 일본 자위대가 개입할 수 있다고 한 것이다. 2차 대전 전범이자 전 일본 수상인 기시 노부스케의 외조카인 아베는 틈만 나면 역사를 왜곡하고 군국주의를 도모해 일본이 다시 세계를 지배하는 꿈을 꾸었다.

그러나 그런 아베도 2022년 7월 8일, 일본 해상 자위대 소속 장교 출신에게 총을 맞고 죽었다. 일본 열도가 뒤집어졌고, 슬픔에 잠긴 윤석열은 일본 대사관으로 가 앞에서 언급했던 방명록을 쓰며 조문했다.

〈박정희의 스승 기시 노부스케. 사진: 아이엠피터

아베가 피살된 후 실시된 참의원 선거에서 집권여당인 자민당이 압승을 거뒀다. 자민당은 총 248석 중 무려 119석을 석권했다. 많은 전문가들은 아베의 죽음이 보수표 결집에 큰 영향을 미쳤다고 분석했다.

그러나 아베가 죽자 역설적으로 '평화헌법(헌법 제9조)' 개정 논의도 급물살을 탈 가능성이 높아졌다. 아베는 건강문제로 총리직에서 물러나던 2020년 "개헌의 꿈을 이루지 못하고 물러나는 데 단장의 아픔을 느낀다."라고 발언한 바 있다. 그런데 윤석열이 아베의 못다 이룬 꿈을 실현해 줄 모양이다.

자칭타칭 아베의 후계자인 기시다 일본 총리는 아베보다 더 극우적으로 "아베 전 총리의 뜻을 이어 헌법 개정 등의 난제를 풀어나가겠다."라고 다짐했다.

〈기시다 일본 총리. 사진: 서울신문〉

하지만 일본 국민들은 헌법 개정에 33%만 찬성하고 있어 아베의 꿈은 쉽게 이루어질 것 같지 않다. 일본에도 양심 세력이 많아 일본이 다시 군국주의로 나가는 것을 경계하고 있다. 그런데 뜻밖에도 한국의 윤석열이 그런 발언을 하자 일본 극우 중에는 윤석열 팬클럽까지 만들어졌다. 한국에는 없는 '팬덤'이 일본에서 만들어진 것이다. 윤석열은 일본의 평화헌법이 맥아더에 의해 만들어졌다는 것을 알고 있을까?

미군정 사령관이었던 맥아더가 고안하여 1947년부터 도입된 평화헌법의 제9조에는 '전쟁과 무력에 의한 위협 또는 무력의 행사를 영구히 포기한다(군사력 불보유)' '국가의 교전권을 인정하지 않는다(교전

불인정)'고 명시하고 있다. 평화헌법상 일본은 원칙적으로 타국이나 자국 영토 내에서 어떤 형태의 무력행사도 불가능하게 되어 있다.

〈기시다 총리. 사진: 파이낸셜뉴스〉

"하지만 비록 패전국이라도 '영원히' 무력을 포기한다는 것은 상상하기 힘든 일이다. 독일의 경우, 냉전이 시작되던 시기와 맞물려 자유진영에서 소련 및 바르샤바 조약기구(공산권 국가연합)의 서진을 막기 위한 방파제 역할로 '독일의 재무장'에 합의했다. 독일이 주변국에 적극적으로 과오를 인정하고 사죄하는 자세를 보인 것도 재무장에 대한 반발여론이 적었던 이유다. 이탈리아는 독재자 무솔리니가 퇴출되고 종전 이전에 연합국에 합류했던 덕분에 패전국으로서의 대우가 가혹하지 않았다. 반면 일본은 2차 대전에서 가장 끝까지 연합국에 격렬하게 저항했고 이 과정에서 많은 인명피해가 발생했다. 또한 공식적인 항복문서 조인식(1945년, 9월 2일)조차도 일왕의 항복 연설 이후 한 달 가까이 질질 끌려다가 이루어졌다. 당시 유럽과 태평양 전역을 모두 참전했던 한 미군은 '유럽 전선이 치열했다면, 태평양 전선은 처절했다'라는 말을 통하여 일본의 집요한 저항을 표현했다. 이 과정을 거치며 미국은 전후에도 일본을 강도 높게 통제할 수 있는 수단이 필요하다는 것을 절감했다. 그렇게 만들어진 것이 평화헌법이다."

- KBS 역사저널 〈그날〉 중

일본의 평화헌법은 미국의 강요에 의해 만들어졌지만 일본인들도 다시는 일본이 군국주의로 나가는 것을 반대해 평화헌법을 더 많이 지지하고 있다.

〈일본의 평화헌법 수호자들. 사진: 역사스페셜〉

2차 대전 패전국인 일본은 한국의 6.25 발발로 군수물자를 팔아 경제가 회복되었고, 일본의 재무장이라는 명분까지 얻었다. 거기에 윤석열이 부화뇌동(附和雷同)해 주니 그 아니 좋겠는가.

자위대는 정식 군대는 아니지만 막강한 화력을 보유하고 있고, 특히 해군의 전력은 엄청나다. 미국의 군사력 평가단체 GFP가 2022년 발표한 세계군사력 순위에서 일본은 놀랍게도 5위로, 한국(6위)보다 높다. 그런 자위대가 한반도 유사시 개입한다면 또다시 일제 35년이 반복되지 않는다는 보장이 없다. 윤석열은 그래도 계속 그 주장을 할까?

〈러시아-우크라이나 전쟁. 사진: 연합뉴스〉

러시아와 우크라이나 전쟁이 일본의 재무장을 부추기고 있다. 미국은 어떻게 하든지 한국과 일본의 협조를 받아 중국과 러시아를 견제하려는 각종 시도를 하고 있는데, 윤석열이 그에 장단을 맞추어준 것이다. 하지만 윤석열의 이러한 외교관과 역사관은 그의 국정지지율 폭락만 가져오게 할 것이다. 미국의 꼭두각시 노릇은 이승만 하나로만 족하다.

CONNECTION

조선총독부 복원하려는 윤석열 정권

윤석열은 대통령으로 취임하자 강인선 조선일보 부국장을 대변인으로 임명했다. 문제는 강인선이 대변인으로 임명될 때까지 신문에 정치 편향적 칼럼을 썼다는 사실이다.

〈사진: 정치펀치〉

기자 출신을 대변으로 쓰는 경우는 전에도 있었으므로 그 자체가 비판의 대상이 되는 것은 아니다. 그런데 왜 하필 현직에 있는 조선일보 출신이며, 왜 강인선인가에 대해선 말들이 많다. 다음 장에서 구체적으로 논하겠지만 조선일보 자체가 친일매국 신문이기 때문이다.

강인선이 조선일보 입사 이후 워싱턴특파원 및 국제부장, 논설위원, 워싱턴지국장, 외교안보·국제담당 에디터를 역임한 국제통 기자로 유명한 것이야 알지만, 많은 언론 중 왜 조선일보 출신을 대통령실의 입으로 통하는 대변인에 임명했을까는 의문이다. 윤석열이 중앙지검장 시절 방상훈 조선일보 사장과 비밀회동한 것이 왜 떠오를까?

〈왼쪽이 강인선 대변인. 사진: 비즈한국〉

윤석열은 걸핏하면 능력 운운하지만 강인선은 대변인이 된 후 얼굴이 보이지 않는다는 평이 많았다. 윤석열은 대신 도어스테핑을 하다가 오히려 국정지지율을 까먹었다. 대통령 옆에 멍하니 서 있는 강인선의 모습이 처량해 보이는 이유다.

조선총독부 건물 복원하자는 박보균 문체부 장관

〈구 조선총독부. 사진: 민족문제연구소〉

윤석열은 친일 발언으로 논란이 많은 박보균을 문화관광체육부 장관으로 임명했다. 이와 관련된 기사 몇 건을 보자.

> **문체부 장관 후보자의 日 극찬 논란, "日 식민지배와 남북분단은 하나님의 뜻" 문창극 오버랩**
>
> [서울=뉴스프리존] 고승은 기자 = 박보균 문화체육관광부 장관 후보자의 친일 논란이 불거지고 있다. 그는 일본에 대한 칭찬을 넘어 식민지배마저 긍정 평가하는 취지의 발언까지 한 것으로 드러났다. 그와 같은 중앙일보 출신이자 박근혜 정부 총리 후보자

로 지명됐다가 친일 사관으로 낙마한 문창극 전 중앙일보 주필이 바로 떠오르는 이유다.

〈박보균 문체부 장관. 사진: 파이낸셜뉴스〉

27일 MBC에 따르면 박보균 후보자는 중앙일보 대기자 시절인 2014년 한림대에서 열린 제1차 세계대전 100주년 세미나에서 세계를 지배했던 나라들에 대해 설명했다. 그는 "우리는 틈만 나면 예외를 자꾸만 두려고 하는데, 법이 정해지면 지키는 게 세계를 경영했던 나라들의 차이"라며 "일본도 아시아를 지배해봤기 때문에 일본 사람들의 준법정신이 좋다. 민족적인 교육도 있지만 세계를 경영해본 습관 때문"이라고 말했다.

박보균 문화체육관광부 장관은 뼛속까지 친일 의식이 존재하고 있는 것 같다. 그는 일본에 대한 칭찬을 넘어 식민지배마저 긍정 평가하는 취지의 발언까지 한 것으로 드러났다. 식민지를 경영해봤던 일본은 준법정신이 좋고, 그렇지 않았던 한국은 준법정신이 좋지 않다는 취지의 발언을 했다. 즉 식민지배를 두둔한 것이다.

박보균 후보자는 또 동일본대지진으로 일어난 후쿠시마 원전사고(2011년) 발생 3년이 지난 당시 상황에서 "일본 수산물에 혹시 방사능이 있을까 봐 한국 사람들은 안 먹잖나. 동경에서 돈이 없어서 사시미하고 초밥을 못 먹는다."며 한국인들이 일본산 수산물에 지나치게 과잉반응을 보이고 있다고도 말했다.

〈조선총독부 건물 철거. 사진: 민족문제연구소〉

박보균 후보자는 나아가 광개토대왕비를 발견한 것은 일본이고, 한국은 발굴 노력도 하지 않는다고 지적하기도 하는 등 일본을 거듭 치켜세웠다.

박보균 후보자는 또 동일본대지진 직후 중앙일보에 올린 칼럼에선 일본인들의 대응을 극찬하는 내용의 칼럼을 썼다. 그는 일본인들의 남에게 폐를 끼치지 마라는 교육을 거론하며 "세계는 문화적 충격을 받고 있다. 일본의 저력이다. 일본인은 그렇게 존재한다. 그것은 일본의 국격과 이미지를 높이고 있다."라고 극찬했다.

박보균 후보자는 반대로 한국인들을 향해선 "천재지변 탓에 비행기 출발이 늦어도 창구에 몰려가 항의하는 가벼움과 어이없음, 준법 대신 목소리 큰 사람이 행세하는 떼법, 끼어들기 주행, 남 탓하기의 풍토를 부끄럽게 한다."며 한국인을 폄훼했다.

박보균 후보자는 또 지난 2013년 12월 주한일본대사관이 주최한 일왕 생일 축하연에 참석한 것이 알려져 구설수에 올랐는데, 그는 취재 과정이라고 궁색한 해명을 했다.

중앙일보 부사장 출신인 박보균 후보자는 과거 강연에서 식민지를 경영해봤던 일본은 준법정신이 좋고, 그렇지 않았던 한국은 준법정신이 좋지 않다는 취지의 발언을 했다.

〈구 중앙청. 사진: 민족문제연구소〉

이 같은 박보균 후보자의 친일 사관은 박근혜 정부 시절 총리 후보자로 지명됐던 문창극 전 중앙일보 주필을 떠올리게 한다. 이들은 공교롭게도 같은 중앙일보에 오랜 기간 몸담았던 선후배 관계이며 핵심요직을 거쳤다.

박보균 후보자는 중앙일보에서 정치부장·논설위원·편집국장·편집인을 거쳐 부사장 직위까지 올라간 바 있다. 문창극 전 주필도 정치부장, 정치담당 부국장, 미주총국 총국장, 논설주간을 거쳐 주필과 대기자를 지낸 바 있다.

문창극 전 주필은 지난 2014년 6월 총리 후보자로 지명된 바 있다. 당시 정홍원 전 총리가 세월호 사건 이후 사의를 표명한 상태였으며,

직후 후보자로 지명된 안대희 전 대법관이 고액 수임료 구설로 자진 사퇴하자 그가 후보자로 지명됐던 것이다. 문창극 전 주필도 자진사퇴하자 정홍원 전 총리가 결국 유임되는 초유의 사태도 일어났다.

문창극 전 주필은 과거 2011~2012년 사이 서울 지역의 여러 교회에서 했던 강연 내용이 문제가 되어 낙마했다. 그는 당시 강연에서 일본의 식민지배와 남북 분단이 한민족의 민족성을 고치기 위한 하나님의 뜻이라는 취지로 발언한 바 있다.

〈문창극 총리 지명자. 사진: KBS〉

문창극 전 주필은 특히 "당시 우리 체질로 봤을 때 (하나님이) 한국한테 온전한 독립을 주셨으면 우리는 공산화될 수밖에 없다."라고 발언했고, 6.25 전쟁에 대해서도 "돌아보면, 미국을 붙잡기 위해 (하나님이 6·25를) 주신 것."이라고까지 발언했다.

문창극 전 중앙일보 주필은 지난 2014년 6월 총리 후보자로 지명된 바 있다. 그는 과거 2011~2012년 사이 서울 지역의 여러 교회에서 했던 강연 내용이 문제가 되어 낙마했다. 그는 당시 강연에서 일본의 식민지배와 남북 분단이 한민족의 민족성을 고치기 위한 하나님의 뜻이라는 취지로 발언한 바 있다.

문창극 전 주필은 우리 민족성에 대해서도 "게으르고 자립심이 부족하고 남한테 신세지는 거, 이게 우리 민족의 DNA로 남아 있었던 것"이라고 비하하는 등, 일제 식민지배는 불가피했다는 일본 극우파나 민족반역자들의 논리를 그대로 차용하기까지 했다.

당시 박보균 후보자는 문창극 총리 후보자 지명 직후 박근혜 인사의 파격이라는 제목의 칼럼에서 "박 대통령은 인사로 다름을 드러냈다. 파격은 익숙함에서의 탈피다. 박 대통령은 인사 수첩을 접었다. 청와대 인재 풀은 넓어졌다. 언론계 출신의 총리 기용은 처음이다. 변화는 극적 분위기를 풍기면서 시작됐다"라고 극찬한 바 있다.

박보균 후보자는 또 문창극 전 주필이 자진사퇴한 직후 올린 문창극 드라마라는 제목의 칼럼에선 당시 새누리당(현 국민의힘)의 대처가 어설펐다며 비판의 화살을 날렸고, 문창극 전 주필에 대해선 "문창극 사퇴 회견은 비장했다. 회견문은 자유민주주의, 인권, 천부 권리에 대한 소신을 담았다. 그의 칼럼(중앙일보 주필·대기자 때 게재)처럼 선명했다"라며 극찬했었다.

박보균 후보자와 문창극 전 주필 모두 중앙일보 고위직 출신이면서 친일 사관도 역시 뚜렷하게 드러낸 것이 공통점이라 할 수 있다.

다음은 민주당 정청래 의원이 인사청문회 때 한 말이다.

〈사진: 민주당〉

"문체부장관 박보균 후보자는 자진사퇴가 답입니다. 전문성도 없었고, 딸을 둘러싼 특혜논란, 또 장충기 문자 논란 등 도덕성의 흠결이 많았고, 또 일왕 생일에 참석하는 등 친일적 역사관 논란도 많이 있었습니다.

특히 조선 의원들에 대한 고압적 태도, 인사청문 후보자로 볼 수 없는 오만한 태도가 너무 많아서, 오죽하면 제가 '제2의 윤석열인가'라고 질책할 정도였습니다. 답변하는 태도도 곧장 뒤로 젖히고, 답변하는 태도가 마치 '아무리 국감장이라도 이래도 됩니까?' 하는 윤석열의 태도를 지적받은 바 있습니다.

제가 굳이 설명하기보다, 기사 제목만 한번 읽어보겠습니다. 언론인이라서 언론인들이 많이 봐주는 감도 없지 않았나, 수없이 쏟아진 기사들의 제목입니다.

'박보균 후보자 삼성언론재단 회사 내 자료 없다, 위증 논란' '일왕생일 초청장 없었다, 일본 대사관 1등 서기관 초청장 없이는 못 들어가', '한국인 저급 표현 사과하라' 이런 기사가 있고요. MBC 단독으로 '일본, 아시아 지배해봐서 준법정신이, 박보균의 친일 역사관' 이런 기사가 나와 있고요, '박보균 강제 징용피해, 1965년 일본 돈 받은 기업이 우선 지원해야' 이런 친일적 발언도 서슴지 않았습니다. 오죽하면, '일본 장관 청문회인가 친일 지적에 박보균 쩔쩔' 이런 제목의 기사도 있고요. '역사관 경악, 불통, 민주당 멘붕에 진땀 뺀 박보균' '문체부장관 후보자 청문회, 민주당 불성실 자료제출, 친일 역사관 집중공세' 이런 기사도 있습니다.

〈박보균 문체부 장관. 사진: 파이낸셜뉴스〉

이밖에 YTN 돌발영상 '친일 논란 칼럼 쓴 장관 후보자, 윤석열 당선인과 관계는' '친일 논란 후보자 민주, 일본 장관 청문회인 줄' 이런 수없이 많은 기사들이 쏟아졌습니다.

이뿐만이 아니라, 저희가 청문회를 며칠 연기할 수밖에 없었던 것은, 유정주 의원 등은 자료 제출을 요구했는데 100% 미제출했습니다. 그래서 저희가 '여러 가지 관계상 다 낼 수가 없으면 몇 가지라도 더 추가해서 내라' 그래서 저희가 열 몇 가지를 오후 1시 반까지 제출하라고 했으나, 이것을 제출도 하지 않았습니다. 제출하지 못한 이유가 여러 가지 의혹이 있기 때문에 그렇습니다.

그래서 저희는 시간 끌고, 자료 미제출하고, 태도가 불량하고, 그리고 '시간만 끌면 어떻게든 장관에 임명 되겠지' 하는 이런 관례를 이번에 반드시 깨뜨려야 되겠다, 이런 생각이 듭니다.

박보균 후보자는 언론인 40년 자존심이라도 지키려면, 지금 당장 자진사퇴 하시기 바랍니다."

- 민주당 인사청문회 보고서 중

도대체 박보균 문체부 장관은 무슨 목적으로 이미 철거된 조선총독부 건물을 복원하려는 것일까? 논란이 되자 문체부는 건물을 50% 줄인다고 했다가 아예 '미니어처'로 만들겠다고 말을 바꾸었다. 그 형식이 무엇이든 이미 철거된 조선총독부 건물을 복원해 한국인에게 무슨 생각을 심어 주고 싶은 것일까? 그 아이디어 아닌 아이디어는 윤석열도 허락했을 터, 혹시 그들은 일제 35년 지배가 그리운 것일까?

친일재산 환수법 반대한 이상민 행안부 장관

윤석열 정권이 행정안전부에 '경찰국'을 신설해 검찰장악에 이어 경찰까지 장악하려 하고 있다. 그 중심에 윤석열과 고교, 대학 동문인 이상민 행안부 장관이 있다. 그런데 이상민이 과거 '친일재산귀속법'이 위헌이라는 위헌법률심판제청 신청에 참여한 적이 있다는 게 밝혀져 충격을 주고 있다.

〈이상민 행안부 장관. 사진: 국민일보〉

이상민은 판사 출신으로 법원을 그만둔 후 변호사를 했는데, 2012년 친일 재산의 국가귀속을 반대하는 명단에 자신의 이름을 올렸다.

독립언론 '뉴스타파'의 보도에 따르면 이상민은 "친일 재산의 국가적 조사와 국고 환수를 규정하고 있는 '친일반민족행위자 재산의 국가귀속에 관한 특별법(이하 친일재산귀속법)'이 헌법에 위반된다며 대법원에 낸 위헌법률심판제청의 신청에 참여"했다.

과거 친일파들은 엄청난 재산을 남겨두고 죽었는데, 그 재산은 사실상 나라를 팔아 얻은 것이므로 국고로 귀속되어야 마땅하다. 그러나 이상민은 그러한 관련법에 반대하는 데 서명했다.

〈을사오적. 사진: 다음 카페〉

경찰국 신설에 이어 이것이 논란이 되자 이상민은 "고위 법관 출신

전관으로서 이름을 올린 것이고, 특히 해당 재판의 성격과 쟁점이 뭔지 전혀 알지 못했다."라고 둘러댔다.

이상민은 2007년 대법원 재판연구관을 한 후 퇴임하고 보수층이 많이 가는 법무법인 율촌에 변호사로 들어갔다. 그때 이상민은 '일제강점기 중추원 참의를 지낸 친일파 방태영의 후손 9명이 친일 재산의 국가귀속에 반발하며 2012년 제기한 소송(대법원 2012두2566)에서 원고인 친일 후손의 변호를 맡았다.'

그러나 이상민은 "대법원 재판연구관 이상을 지낸 고위 법관 출신의 변호사가 대법원 판결을 앞두고 담당 변호사로 이름을 올리는 관행 때문에 변호인단에 참여하게 된 것일 뿐, 친일 재산의 국가 귀속과 관련한 법률 검토 등을 직접 맡지는 않았다."라고 해명했다.

아니, 어떻게 그토록 중요한 재판의 변호사로 이름을 올려놓고 사실을 잘 몰랐다고 둘러댈 수 있을까? 그렇다면 스스로 '전관예우'를 자랑한 것이란 말인가?

> "그러나 뉴스타파가 이 후보자가 변호사 시절 수임한 사건 내역을 추가로 확인한 결과, 이 후보자의 역사의식을 의심할 만한 새로운 사실을 확인했다. 이 후보자가 친일파 방태영 후손의 변호

사로 참여한 친일 재산 국가귀속 취소 소송(대법원 2012두2566)의 판결을 앞두고 있던 2012년 2월 21일, 이 후보자를 포함한 법무법인 율촌의 변호사들은 친일 후손들을 대리해 대법원에 친일재산귀속법이 헌법에 위반된다며 대법원에 '위헌법률심판제청'을 신청했다. 친일 후손들이 1심과 2심에서 잇따라 패소하자, 친일재산귀속법의 위헌성을 제기하며 친일 후손들이 재산 피해를 입는다는 항변 논리를 추가로 내세운 것이다."

- 뉴스타파 기사 중

〈을사조약 체결 기념사진. 사진: 민족문제연구소〉

그렇다면 '친일재산귀속법'이란 언제 왜 제정되었을까? 2005년에 제정된 '친일재산귀속법'은 친일파 후손들이 가지고 있는 재산을 국가로 귀속하여 민족정기를 바로 세우는 데 그 목적이 있다.

친일재산귀속법엔 '친일 재산은 일본 제국주의에 협력한 대가로 취득하거나 이를 상속받은 재산 또는 친일 재산임을 알면서 유증·증여를 받은 재산을 포괄한다.'라고 명시되어 있다. '시기적으로는 국권 침탈이 시작된 러·일전쟁 시작 시점부터 1945년 8월 15일 해방 때까지 친일반민족행위자가 취득·축적한 재산이다.'

그러나 수구들은 이 법이 헌법에 위배된다며 소송을 했고, 그 변호사단에 이상민이 참여한 것이다. 그러나 나라를 팔아 얻은 재산이 어찌 사유재산이란 말인가.

〈사진: 연합뉴스〉

하지만 수구들의 저항에도 불구하고 이 법은 통과되었다. 대법원은 친일 후손들의 상고는 물론, 위헌법률심판제청을 모두 기각하여 완전 패소 판결했다. 친일 후손들이 이 법에 반대하며 벌인 소송이 239건이라니 부끄럽지도 않은 모양이다.

"2006년부터는 친일반민족행위자재산조사위원회가 활동했다. 그러나 기대만큼 성과는 크지 않았다. 당시 조사 대상이 된 토지는 5천 필지, 2,181만㎡였다. 친일파가 일제로부터 받은 친일 재산의 추정치 4억 3,000만㎡의 5% 수준에 불과했다. 해방 이후 60여 년이 흐르는 사이, 친일의 대가로 얻는 이른바 알짜배기 땅은 이미 처분돼 버린 상태였다. 결국, 국가가 친일 재산으로 확정해 귀속한 토지는 1,322만㎡에 불과했다. 이 중에서도 독립운동가 후손을 위해 쓰겠다며 매각된 땅은 고작 135만㎡였다.

〈송병준이 남긴 경기 부평 땅. 사진: 오마이 뉴스〉

결국 4억 3,000만㎡로 추정되는 친일 재산 가운데 0.3%만이 매각

처리됐다. 이같이 친일 재산의 국가귀속이 미진했던 데에는 친일 후손들의 저항이 일차적 원인이었지만, 그들에게 개별 소송을 물론 위헌법률심판제청 등 법률적 조언을 하며 국가를 괴롭혔던 대형 로펌에도 적잖은 책임이 있다."

- 뉴스타파

〈친일파들. 사진: 한국학 중앙연구회〉

지금도 한국에는 친일파 후손들이 조상들로부터 물려받은 엄청난 재산을 이용해 권력을 탐하며 사회 각계각층에 암약하고 있다. 이들 중 43%가 땅값이 가장 비싼 서울 강남, 서초, 송파에 산다는 보도도 나왔다. 이들 대부분은 대선 때 보수 후보를 지지했다. 그래서 한국의 보수는 정신을 보수해야 한다는 말이 생긴 것이다. 진정한 보수라면 나라를 팔아 부를 축적한 세력들을 배척해야 한다.

CONNECTION

간첩조작에 연루된 이시원을 공직기강 비서관에 앉힌 윤석열

윤석열은 “일본이 한국을 식민지화한 게 아니라 경영했다.”라고 말한 박보균을 문체부 장관에 앉히고, 친일재산귀속법을 반대한 이상민을 행안부 장관에 앉히더니, 이번에는 서울시 공무원 간첩 조작 사건에 연루된 이시원을 공직기강 비서관으로 임명했다. 하나같이 논란을 야기할 수 있는 인사만 한 것이다.

〈이시원과 윤석열. 사진: 이데일리〉

이에 대해 국민들은 “아니, 어떻게 무고한 시민을 간첩으로 조작한 검사 출신이 그것도 공직기강 비서관에 앉힐 수 있단 말인가?” 하고 분개했다. 공직기강 비서관은 글자 그대로 고위 공직자들의 기강을 바로잡는 역할을 하는데, 정작 자신이 간첩조작에 연루되었으니 어떤 공직자가 윤석열 정부를 신뢰하겠는가?

그렇다면 ‘유우성 서울시 공무원 간첨조작 사건’은 무엇이며, 그때 검찰에서 국정원과 함께 간첩 조작을 한 이시원이 누구인지 자세히 알아보자.

2013년 박근혜 정부는 국정원 댓글 조작 사건으로 초장부터 시끄러웠다. 이럴 경우 수구들이 항상 써 먹는 수법이 하나 있으니 바로 종북몰이다. 댓글 조작으로 코너에 몰린 국정원이 바로 기획에 들어갔고 마침 서울시청에 다니는 화교 출신 유우성 씨가 먹잇감으로 걸려들었다. 당시만 해도 국정원이 기획하고 검찰이 이에 협조하며 언론이 나팔을 불어주면 부처도 간첩이 되어 버리는 시대였다.

얼마 후, 각 언론에 서울시 공무원 간첩 사건이 대대적으로 보도되었다. 서울시청에 다니는 유유성이 북한에 탈북자 명단을 유출하고, 몰래 북한에 다녀왔으니 간첩이라는 것이다.

〈사진: MBC 피디수첩〉

국정원이 조작된 서류를 바탕으로 유우성을 간첩으로 몰자 검찰이 수사에 나섰다. 이시원은 그때 서울중앙지검 공안1부 소속 검사였다.

유우성은 국정원으로 끌려가 거짓 자백을 강요당했다. 국정원은 비겁하게도 유우성의 여동생까지 활용해 조작에 완벽을 기하려 애썼다. 유우성의 여동생 유가려는 오빠에게 도움이 될까 하고 거짓 자백을 해 주었다. 그러나 재판장에서 오빠가 울며 호소하자 유가려가 "거짓 자백을 했다."라고 폭로해 버렸다.

국정원과 검찰은 합작해 피해자에게 거짓 자백을 강요한 것도 모자라 외교 문서까지 조작했다. 당시 유우성 씨의 변호를 맡았던 장경욱 변호사는 "또 다른 국가 폭력 희생자의 출현을 막기 위해서라도 남은 의혹들이 낱낱이 밝혀져야 한다."며 끝까지 싸워 승소를 이끌어냈다.

경악할 일은 국정원이 중국 공안 서류까지 허위로 꾸며 유우성이 마치 북한에 불법으로 들어갔다가 나온 것처럼 조작했다는 점이다.

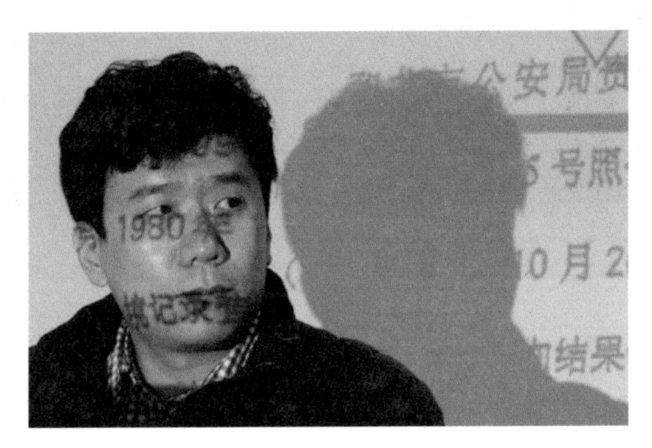

〈유우성 씨와 조작된 서류. 사진: 연합뉴스〉

유우성 씨 변호인단이 조작된 서류를 들고 중국으로 가 확인한 결과 국정원이 제출한 서류는 중국 공안이 만든 것이 아니라, 중국에 채류 중인 조작범들이 돈을 받고 만들어 준 허위 서류였다.

〈이시원, 이문성 검사. 사진: 뉴스타파〉

이 사실이 알려지자 국정원과 검찰의 신뢰는 바닥으로 떨어졌고, 종북몰이로 국면을 전환해 보려던 박근혜 정부의 국정지지율도 추락했다. 문제는 그때 조작에 가담한 이시원 검사가 현 윤석열 정권의 공직기강 비서관이 된 점이다. 고위 공직자 인사 검증을 하는 한동훈이 그걸 모를 리가 없는데 어떻게 이시원이 추천되었는지 도무지 이해가 안 간다.

〈사진: 뉴스타파〉

이시원은 나중에 이게 문제가 되자 자신은 국정원이 서류를 조작했다는 사실을 몰랐다고 둘러댔다. 공안 담당 검사가 서류가 조작되었는지 몰랐다면 직무유기고, 알고 그랬다면 사법 처리감이다. 이시원은 그것으로 가벼운 징계만 받았다.

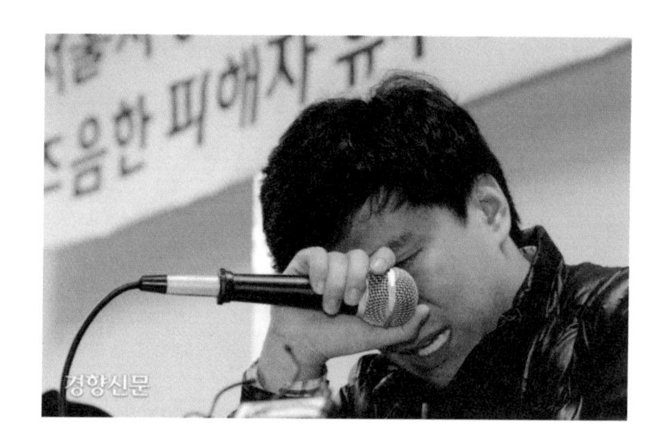

〈억울함을 호소하는 유우성 씨. 사진: 연합뉴스〉

유우성 씨는 간첩 혐의를 받은 지 2년 9개월 만에 대법원에서 무죄를 선고받아 억울함은 풀었으나, 그의 삶은 이미 처참하게 망가져 있었다.

윤석열 정권이 서해 공무원 사건 가지곤 탈북을 조작했다고 난리를 펴더니, 정작 무고한 사람을 간첩으로 조작한 사람을 공직기강 비서관에 앉혔으니 세상에 이만한 모순이 또 있을까?

당시 국정원이 불러준 대로 기사를 쓴 조중동 및 수구 언론들도 반성해야 한다. 당시 언론들은 "유 씨가 중국에서 몰래 두만강을 건너 밀입북해 간첩 교육을 받고 돌아온 뒤 탈북자 200여 명의 신상정보를 넘겼다."라고 국정원이 불러준 대로 도배를 했다.

〈사진: MBC 피디수첩〉

그러나 유우성 씨는 1심 재판에서 무죄를 선고받았다. 검찰이 제출한 사진이 가짜로 드러난 것이다. 유우성 씨가 북한에 들어가 찍었다는 사진은 알고 보니 중국에서 찍었다는 게 휴대폰에 남은 GPS 기록으로 확인이 된 것이다.

〈재판장에서 진실을 말해 버린 유가려 씨〉

간첩 조작으로 남매 사이까지 끊어 버리려 했던 국정원과 검찰도 혈육의 정은 이길 수 없었다. 유우성 씨는 당시 변호를 맡았던 여성분과 결혼해 살고 있다.

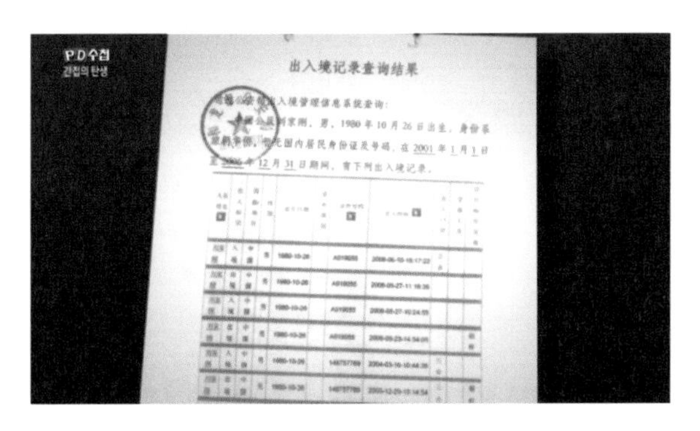

〈조작된 중국 출입국 서류〉

세상을 떠들썩하게 했던 유우성 씨 간첩조작 사건은 검찰이 제시한 유우성 씨의 중국 출입국 기록이 조작되었다는 게 밝혀져 막이 내렸다. 검찰은 유우성 씨를 다른 사건으로 기소했으나 법원이 이를 기각했다. 그때 다른 사건으로 유우성 씨를 기소하려 했던 검사 출신도 지금 윤석열 정권에서 근무하고 있다.

수사 결과 국정원은 사실상 위조를 인정했다. 검찰은 문서 조작에 관여한 국정원 대공수사국 김 모 과장을 비롯한 국정원 간부 4명을 지목하고 모해증거위조 및 사용, 허위공문서작성 및 행사 등 혐의로 기소했다. 그러나 이시원은 2달 정직 처분만 받았다. 윗선은 쏙 빠진 전형적인 꼬리 자르기 수사였던 것이다. 결국 2015년 10월, 대법원에서 유우성 씨는 최종 무죄를 선고받았고, 같은 날 김 모 국정원 과장은 징역 4년형, 나머지 직원 세 명은 벌금형이 확정됐다.

〈줄줄이 구속된 전 국정원장들. 사진; 노컷뉴스〉

한 가지 의문스러운 것은 당시 국정원장이었던 남재준이 과연 간첩 조작 사건을 몰랐을까, 하는 점이다. 남재준은 그 후 박근혜에게 국정원 예산을 준 혐의로 구속되었다. 남북 정상회담록을 유출한 사람도 바로 남재준이다. 육군 대장 출신인 그가 권력에 아첨하다가 평생을 스스로 짓뭉갠 것이다.

〈끝까지 사과하지 않은 남재준. 사진: 연합뉴스〉

유우성 서울시 공무원 간첩 조작 사건은 곁가지만 처벌받았을 뿐, 기획한 윗선은 한 명도 처벌받지 않았다. 그러나 외국 공문서까지 조작한 이 사건을 과연 윗선이 몰랐을까?

그것을 수사하는 곳이 검찰이니 고양이에게 생선을 맡긴 격이다. 그래서 공수처가 생겼지만 역시 거기에도 검사들만 득실거릴 뿐 무엇 하나 제대로 수사를 하지 못하고 있다. 거기에다 검사출신인 윤석열이 대통령이 되고, 검사출신들이 정부 요직을 모두 차지했으니 본부장 비리를 제대로 수사할 리 없다.

유 씨 사건 수사와 공소유지를 담당한 이시원·이문성 두 검사는 항소심 도중 증거 조작이 들통나자, "몰랐던 일"이라고 발뺌했다. 도리어 "(국정원 직원들을) 믿고 한 것"이라며 국정원에 속았다고 강조했다. 검찰 조직에 대한 비난 여론이 거세지자 검찰은 국정원뿐 아니라 담당 검사에 대해서도 수사에 착수했다. 그러나 결론은 '무혐의'였다.

차치하고, 간첩조작에 연루된 것을 알고도 이시원을 공직기강 비서관으로 임명한 윤석열은 그 역풍에 쓰러질 것이다.

CONNECTION

동료를 밀고한 프락치를 경찰국장에 앉힌 윤석열

윤석열 정권의 소위 '막장 인사'는 계속되었다. 윤석열은 친일 발언을 한 박보균 문체부 장관, 친일재산 귀속법을 반대한 이상민 행안부 장관, 유우성 서울시 공무원 간첩 조작 사건에 연루된 이시원 공직기강 비서관에 이어 80년대 동료들을 밀고하고 경찰에 특채되어 승승장구한 김순호를 초대 경찰국장에 앉혔다.

〈김순호 경찰국장. 사진: 통일경제뉴스〉

김순호를 초대 경찰국장으로 추천한 이상민 행안부 장관은 국정조사에서 김순호의 과거 전략을 몰랐다며 사퇴를 요구하는 야당의 주장에 "한번 깊이 생각해 보겠다"라고 대답했다. 하지만 김순호를 초대 경찰국장에 앉힌 최종 책임자가 윤석열이라 과연 김순호를 경질할지 의문이다.

보도된 것에 따르면 김순호는 다음과 같은 순서를 밟아 치안감까지 승진했다.

(1) 1983년 성균관 대학교에 다니면서 학생 운동을 하다가 강제 징집되어 전두환 정부가 추진한 '녹화사업'에 회유되었다.
(2) 군대에서 전역 후 성균관대에 복학하지 않고 1988년 '인천부천민주노동자회'(인노회)에 가입한다.
(3) 1988년 3월 갑자기 인노회에서 빠져나간다.
(4) 1988년 8월, 인노회 간부 15명이 국가보안법상 반국가단체 구성 혐의로 경찰에 체포되고, 동료가 고통으로 자살한다.
(5) 1989년 8월 경찰에 특채되고 승승장구한다.
(6) 2011년 총경, 2017년 경무관으로 승진한다.
(7) 2022년 6월 윤석열 정권 때 치안감으로 승진하여 경찰청 국가수사본부 안보수사국장이 된다.
(8) 2022년 8월 행안부 초대 경찰국장으로 임명된다.

〈사진: MBC 뉴스〉

MBC가 취재해 보도한 것에 따르면 김순호는 과거 공안당국의 밀정, 이른바 프락치 활동을 했다는 의혹이 사실이었던 것으로 드러났다. 김순호는 이에 대해 사실이 아니라고 했지만 당시 보안사가 작성한 서류가 공개되어 사실로 드러났다.

당시 김순호와 같이 노동운동을 했던 동료들도 김순호가 프락치 노릇을 한 게 분명하다며 각종 증거 서류를 내놓았다.

김순호의 밀고로 작성되었을 소위 '존안자료'에는 노동자들의 이름, 소속, 활동 내역이 시간별로 자세히 기록되어 있었다. 김순호가 아니면 모를 내용이 많은 것으로 봐 프락치 노릇이 분명하다고 동료들이 증언했다.

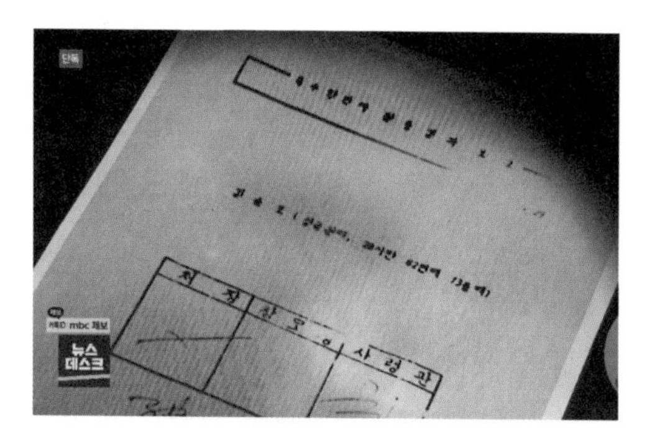

〈사진: MBC 뉴스〉

MBC는 당시 보안사가 강제 징집당한 성균관대 학생, 김순호로부터 보고받은 내용이라면서 작성한 문서를 공개했다. 이로써 김순호의 변명은 거짓으로 드러났다.

보안사가 작성한 문건에는 김순호가 성균관대에 다닐 때 학교 내의 이념 서클 조직도와 MT 일정 등이 매우 구체적으로 적혀 있었다. 누군가 밀고하지 않으면 알 수 없는 내용들이었다.

1983년 11월 29일. 보안사령부가 작성한 문서에는 다음과 같이 기재되어 있다.

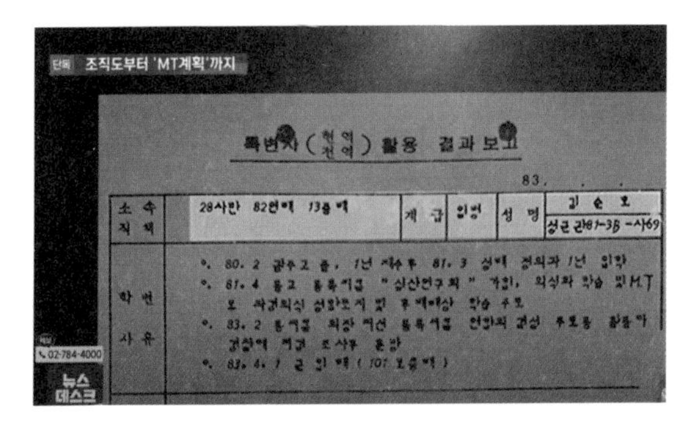

특변자(현역/전역) 활용 결과 보고

83. . .

소속 직책	28사단 82연대 13중대	계급	일병	성명	김순호
학변 사유	80. 2 고교 졸, 1년 재수 후 81. 3 성대 입학 … 81. 4 동교 서클 "심산연구회" 가입 … 83. 2 … 서클 연합회 결성 주도 … 경찰에 … 조사 … 83. 4. 7 군 입대				

〈보안사가 작성한 김순호에 대한 기록. 사진: MBC〉

서류에 있는 '특수한변자'는 교내 시위 등을 하다 강제징집 당한 특수 학적변동자의 줄임말이다. 거기에는 김순호가 서클 연합회 결성을 주도해 경찰 조사를 받았다는 게 학변자 편입 사유라고 씌어 있다.

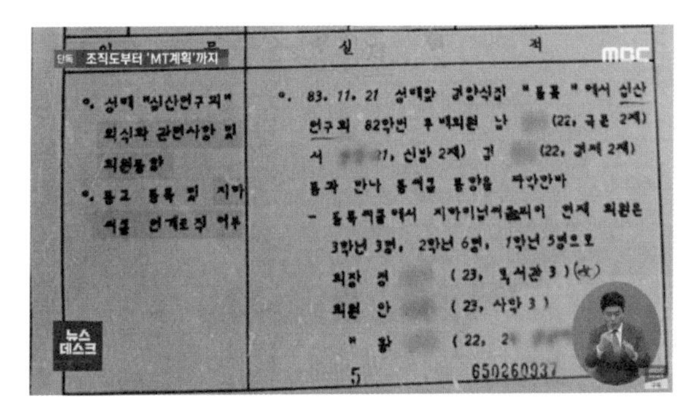

임무	실적
성대 "심산연구회" 의식화 관련사항 및 회원동향	83. 11. 21 … "심산연구회" 82학번 후배회원 … (22, … 2제) … 3학년 3명, 2학년 6명, 1학년 5명으로 … 회장 … (23, … 3) … 회원 … (23, 사학 3) … (22, 2…
동교 동록 및 지하 서클 연계조직 여부	

5 650260937

〈사진: MBC〉

서류에는 학생들이 어디에서 사는지 무슨 책을 읽는지 누구를 만나는지까지 자세히 기록되어 있었다. 동료가 아니면 알 수 없는 내용으로 가득했다. 김순호는 동료들의 합숙 MT 등 방학 활동계획은 무엇인지까지 구체적으로 보고했다.

그러나 김순호는 국정조사에서 "단순히 친구들과 술 마신 것만 보고했다."라고 변명했다. 하지만 관련 서류가 나오자 침묵하고 있다.

김순호는 오히려 "야당이 나에게 프레임을 씌우고자 하는 그런 좋지 않은 의도가 있다, 이런 생각을 하고요."라고 말했다.

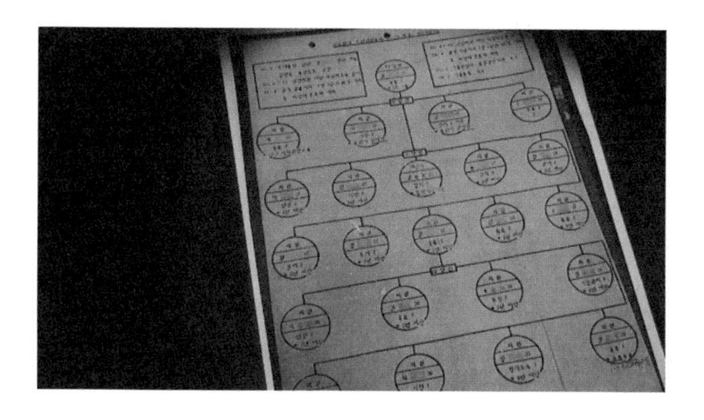

〈사진: MBC〉

김순호의 이 말이 사실이라면 당시 보안사가 작정한 서류가 모두 조작되었다는 뜻인데, 수십 년 전에 왜 보안사가 없는 내용을 기록해 두었을까?

이에 대해 김순호와 같이 성균관대를 다녔던 동료는 다음과 같이 말했다.

> "(언더를) 담당하는 친구는 가급적이면 얘기를 이제 안 하잖아요. 그것까지 얘기가 되었을 때, 아 그러니까 조직이 다 드러나는 거지."

〈녹화사업 의문사자들. 사진: 과거사위원회〉

동료의 이 말은 김순호의 밀고가 구체적이라는 뜻이다. 이는 김순호가 전두환 정부가 추진하는 녹화사업의 대상자였다는 것을 방증해 준다.

김순호의 적극적인 밀고 때문인지 김순호는 상병 때 B등급에서 가장 윗등급인 A등급으로 상향됐다. 보안사 문건에는 녹화사업 대상자들에게 활동비까지 지급했다고 기록돼 있다.

나중에 경찰에 특채된 김순호는 치안본부장과 경찰청장으로 부터 범인검거 유공자로 여러 차례 포상을 받았다는 것도 드러났다. 경장 특채 9년 만에 경감으로 초고속 승진을 한 것도 김순호의 활약 때문이었다.

김순호는 1988년 인노회에 가입하고 조직책으로 활동하면서 동료들의 모든 것을 보고해 1989년 8월 '대공특채'로 경찰에 특채되었다. 그 바람에 인노회에 가입한 노동자들이 대부분 구속되었다. 그중에는 고통으로 자살한 사람까지 있었는데, 그가 바로 최동 열사다.

이에 대해 인노회 관련자들은 다음과 같이 말했다.

> "우리 인노회(인천부천민주노동자회) 사건 관련자들은 10여 년간 긴밀하게 함께 활동해 온 선배를 죽음으로 몰아넣고, 한때나마 의기투합했던 친구, 동료들을 치안본부가 이적단체 가입죄로 조작하여 탄압할 수 있게 협력하였다면 이제라도 진상을 낱낱이 스스로 밝히기를 촉구한다."

〈사진: YTN뉴스〉

최동 열사는 1989년 4월 28일 치안본부 대공 3부 요원들에 의해 연행되어 심한 고문을 받았고, 석방된 후 후유증으로 시달리다 1990년 8월 7일 분신자살했다. 그러니까 김순호는 동료의 죽음을 팔아 승승장구한 것이다. 이런 사람이 초대 경찰국장에 임명되었다는 것은 윤석열 정권이 얼마나 포악한 정권인지 여실히 알 수 있게 해 준다.

과거 안기부, 보안사, 기무사 등에서는 '프락치'를 이용해 민주화 운동을 하는 사람들과 노동운동을 한 사람들을 구속시켰다. 현재 경찰 내에는 김순호 말고도 그런 사람들이 더 있을 것이다. 그런 사람 대부분은 드러내지 않고 음지에서 일하기 때문에 청문회가 아니면 과거 전력을 알아내기 힘들다.

걱정되는 것은 윤석열 정권이 왜 이런 사람들을 고위 공직에 임명하는지인데, 대선 때 전두환을 찬양한 것으로 봐 전두환 군부독재 시절이 그리운 모양이다.

놀라운 것은 김순호를 경찰로 특채되게 한 사람이 박종철 물고문 사건 때 "책상을 턱 치니 억하고 죽었다."라고 말한 당시 최승상 경감이란 사실이다.

〈사진: MBC〉

시민단체와 민주당이 김순호의 사퇴를 촉구하고 나섰지만 윤석열은 이에 대해 일언반구도 하지 않고 있다. 경찰을 과거 치안본부로 만들어 공포 정치를 하겠다는 것인지 묻고 싶다.

〈사진: 오마이 뉴스〉

윤석열은 한동훈이 있는 법무부를 통해 검찰을 장악하고, 행안부에 둔 경찰국을 통해 경찰마저 장악해 민주당이 발의할 '본부장 비리 특검'을 방어하려는 모양인데 어불성설이다. 그러면 그럴수록 윤석열 정권의 탄핵 마일지만 쌓여 비극적인 최후를 맞이할 것이다.

CONNECTION

강제징용 재판 방해한 윤석열 정권

윤석열 정권의 외교부가 일제 강제동원 피해자들의 손해배상을 사실상 방해하는 의견서를 대법원에 제출한 사실이 확인돼 충격을 주고 있다. 강제징용 피해자들에게 일본전범기업이 배상하는 것은 너무나 당연한 것인데도, 윤석열 정부는 한국에 있는 일본 전범 기업들의 재산에 대한 현금화 조치를 방해하고 있다. 이는 박근혜 정부와 기조를 같이한 것으로 엄청난 저항에 직면하게 될 것이다.

〈사진: 다음 카페〉

이에 대해 (사)일제강제동원시민모임(이하 시민모임)은 2일 기자회견을 열고 "윤석열 정부 외교부는 도대체 어느 나라 외교부인가"라고 분노를 표했다.

외교부는 2018년 대법원의 강제동원 배상 명령을 4년 동안 거부하고 있는 미쓰비시중공업의 한국 내 자산에 대한 강제집행 절차가 진행되고 있는 가운데 양금덕·김성주 할머니의 채권과 관련한 상표권·특허권 특별현금화(매각) 명령 사건이 계류된 대법원 상고심 담당 재판부에 대법원 민사소송규칙 제134조의 2(참고인 의견서 제출)를 근거로 의견서를 제출했다.

윤석열 정권이 낸 의견서 내용은 아직 확인되지 않았지만 외교부 당국자에 의하면 강제징용 문제의 해법을 도출하기 위해 '민관협의회 개최 등 국내적 노력', '한·일 양국의 외교적 협의', '기타 다각적인 외교적 노력' 등의 절차를 진행하고 있다는 내용이 담겨 있다고 한다.

윤석열 정권의 이와 같은 태도는 강제징용 피해자들의 권리실현을 사실상 방해하는 것이나 다름없다. 마치 박근혜 정부가 한일위안부 합의를 해주면서 '불가역적'인 말을 넣어 개인의 대일 청구권을 말살시킨 것과 흡사하다.

〈사진: (사)일제강제동원시민모임〉

외교부는 시민단체의 항의에 대해 이리저리 말을 돌리고 있지만 본질은 우리 정부가 일본전범기업의 전쟁범죄 행위에 대한 우리 국민의 손해를 배상하라는 법원의 판결을 방해하고 있다는 점이다.

세상에 어떤 정부가 자국을 침략해 강제 징용을 한 나라를 생각해 대법원에 의견서를 내겠는가? 이는 한국과 일본을 이용해 중국을 견제하려는 미국의 압력이 작용한 결과라 할 것이다.

철저한 친미주의자인 윤석열은 어떻게 하든지 일본과의 관계를 회복해 바이든 미국 대통령의 눈에 드려 노력하고 있지만, 정작 일본의 반응은 싸늘하다. 윤석열 정권을 길들여 자신들이 유리한 쪽으로 결론을 맺고 싶은 것이다.

주지하다시피 미쓰비시 등은 2차 대전 전범기업으로 일제가 한국을 침략할 때 강제 징용을 실시해 막대한 이익을 얻었다. 당시 월급을 고려해 지금의 돈으로 환산하면 개인당 수억 내지 수십억을 받아야 정상이다. 그러나 일본 극우 단체는 한국의 단체에 우리 돈 '910원'을 보내 조롱까지 하였다.

〈일본 극우들의 혐한 시위. 사진: JTBC〉

2차 대전 전범기업인 일본 미쓰비시 자산을 현금화하려는 것을 우리 정부가 막고 나선 것은 후안무치를 넘어 반민족적 매국 행위가 아닐 수 없다.

윤석열 정권이 이처럼 박근혜 정권처럼 일본에 저자세를 보인 것은 한국에 포진한 뉴라이트의 압력 때문인 것으로 보인다. 이들은 대선 때 윤석열 후보를 지지하여 향후 윤석열 정권의 대일본 정책을 조종

하고 있다. 사실상 이적질을 하고 있는 것이다.

〈사진: 아이엠피터〉

외교부는 우리 국민이 해외에 나가 잘못을 했어도 공정하게 재판을 받을 수 있도록 도와주는 것이 관례인데, 우리 국민이 일제에 피해를 입은 것을 보상받으려는 것을 방해하고 있으니 한탄스럽다. 이 조치에 일본 극우들만 만세를 부르고 있다니 윤석열 정권의 외교부는 조국이 어디인지 묻고 싶다. 그래 놓고도 국민들이 낸 세금으로 월급을 꼬박꼬박 타는가?

윤석열 외교 안보 라인에 포진된 뉴라이트 세력부터 축출해야 한다. 우리 정부보다 일본에 충성을 다하는 이들을 그냥 두고 볼 수 없다. 우리 국민의 재산과 생명을 지켜주지 않는 외교 안보 라인이 왜 필요한가?

CONNECTION

조선시대 여성 절반이 성노리개?

"조선시대 여성 절반은 성노리개였다."

이렇게 말한 사람은 윤석열이 종교다문화비서관으로 임명한 김성회다. 이 말은 김성회가 종교다문화비서관이 3년 전 SNS에 올린 것으로 알려졌다. 김성회는 그 말로 위안부 피해자들을 비하하고, 동성애를 혐오한 것이다.

〈김성회. 사진: 뉴스타파〉

이에 대해 김성회가 사과를 했지만 KBS 취재 결과 위안부 피해자와 관련한 또 다른 글이 확인되어 실수라는 변명은 더 이상 통하지 않게 되었다.

김성회의 이 망언은 하버드대 램지어 교수의 위안부 역사 왜곡을 응원하기 위해 올린 것 같다. 세계 각국에는 일본의 전범기업들이 주는 연구비를 받아 역사를 왜곡하는 개인과 단체가 수없이 많다. 램지어 교수가 그 대표적인 사람이고, 한국에는 뉴라이트 소속 학술 연구단체가 대부분 그렇다.

〈김성회. 사진: 다음 카페〉

김성회는 "조선시대 절반의 여성이 성 노리개였다."라며, "일본군 만행에 대한 분노의 절반만큼이라도 조선시대 노예제에 대해서도 탐구하고 분노하자."라고 적고, 이어서 "국뽕에 취해서 다른 나라에 삿대질하기 전에 우리 역사의 꼬라지를 제대로 알고 분노하자."라고 주장했다.

김성회의 이 주장은 뉴라이트가 주장하는 전형적인 식민사관이 투영된 것으로 스스로 조국을 비하한 것이다. 그들은 일제가 한국을 발전시켰다는 이른바 '식민지 근대화론'을 펼쳤다.
김성회는 그것도 모자라 위안부 할머니들의 배상에 대해 "밀린 화대"를 받는다고 악담을 퍼부었다. 또한 김성회는 "동성애는 일종의 정신병"이라고 했다.

〈박사 논문에 이어 석사도 표절? 사진: JTBC〉

김성회는 지난 대선 때 윤석열을 열렬하게 지지한 사람으로, 전광훈 사랑제일교회 담임목사가 창간한 자유일보에서 논설위원으로 있으면서 각종 글을 통해 극우적 면모를 드러냈다.

김성회는 김건희를 극찬하는 글도 많이 썼는데, 아마 그 공로로 종교다문화비서관이 된 모양이다. 김성회가 쓴 칼럼 중 '김건희 대표는 신데렐라가 아니라 평강공주였다'는 세간의 조롱을 받았다.

〈천공과 윤석열. 사진: 다음카페〉

김성회는 또한 "대통령 집무실이 청와대를 떠나면 광화문 일대는 새로운 부흥기를 맞는다."라고 말해 혹시 천공의 제자가 아닌지 의심스럽다.

모든 걸 떠나서 "조선시대 절반의 여성이 성 노리개였다.", "한일위안부에게 밀린 화대라도 내란 거냐?"라고 말한 사람을 종교다문화비서관으로 임명한 윤석열의 저급함에 그저 놀라울 뿐이다. 뭣 눈에는 뭣만 보이는 법이다.

윤석열 주변에 득실거리는 친일파

화천대유 실소유주 김만배의 누나가 윤석열 부친의 집을 사 준 이유가 밝혀지지 않은 가운데, 윤석열의 부친인 윤기중 전 연세대 교수가 매달 학술원으로부터 연구비를 받았다는 게 드러나 그 용도에 귀추가 주목되고 있다. 이 돈이 문제가 된 것은 윤기중 교수가 일본 문부성이 초청한 한국 최초 유학생이었기 때문이다. 따라서 혹시 친일 후원금이 아니냐는 의혹이 일고 있는 것이다.

〈윤기중(가운데). 사진; 연합뉴스〉

대한민국 학술원이 윤기중 교수에게 매달 180만 원을 보낸 송금 내역이 공개된 것은 김만배의 누나가 윤기중 교수의 집을 사준 것에 대한 해명 과정에서 나온 것이다. 열린공감TV가 보도한 것에 따르면 통장에는 매달 윤기중 교수에게 송금하는 단체가 있었는데, 그곳이 바로 대한민국 학술원이다.

윤석열 부친의 집을 왜 하필 화천대유 실소유주인 김만배의 누나가 산 것인지도 궁금했는데, 매달 정체를 알 수 없는 돈까지 입금된 통장이 공개되자 누리꾼들이 자체 수사에 나섰다. 이른바 '네티즌 수사대'다. 국정원의 댓글 조작도 검찰보다 '네티즌 수사대'가 먼저 밝혀내 화제가 된 적이 있다.

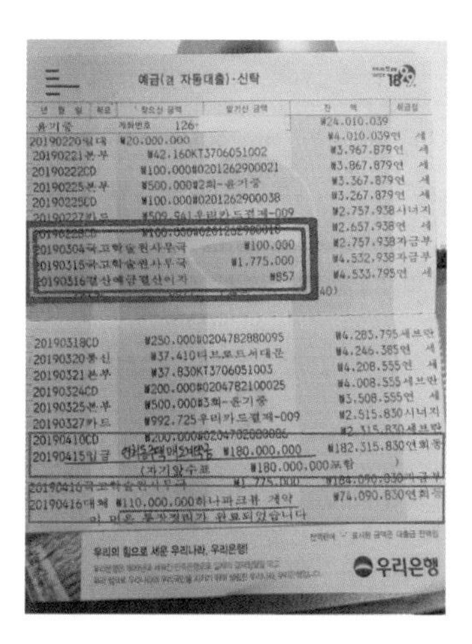

예금(겸 자동대출)·신탁

₩24.010.039
20190220 ₩20.000.000 ₩4.010.039
20190221 ₩42.160KT3706051002 ₩3.967.879
20190222CD ₩100.000 ₩3.867.879
20190225 ₩500.000 ₩3.367.879
20190225CD ₩100.000 ₩3.267.879
₩2.757.938
₩2.657.938
20190304 ₩100.000 ₩2.757.938
20190315 ₩1.775.000 ₩4.532.938
20190516 ₩857 ₩4.533.795
20190318CD ₩250.000 ₩4.283.795
20190320 ₩37.410 ₩4.246.385
20190321 ₩37.830KT3706051003 ₩4.208.555
20190324CD ₩200.000 ₩4.008.555
20190325 ₩500.000 ₩3.508.555
20190327 ₩992.725 ₩2.515.830
20190410CD
20190415 ₩180.000.000 ₩182.315.830
₩180.000.000
20190416 ₩110.000.000 ₩74.090.830

우리은행

〈윤기중 통장. 사진: 열린공감TV〉

통장에는 '국고학술원사무국'에서 매달 180만 원가량 입금한 내역(10만 원, 177만 5,000원씩 두 차례로 나눠 지급)에 누리꾼들의 관심이 쏠렸다. 이는 대한민국 학술원이 소속 회원에게 매달 지급하는 수당으로 보인다.

윤석열의 부친 윤기중은 일본 히토쓰바시대학 경제학과를 졸업하고 1997년까지 연세대 응용통계학과 교수로 지내며 한국통계학회·한국경제학회 회장 등을 역임했고, 현재는 연세대 명예교수 신분이다. 윤 교수는 2001년 학술원 회원에 이름을 올렸고, 인문사회 제6분과 소속이다. 학술원에 등재된 연구업적에 따르면 '소득분포의 불평등 문제'가 윤 교수의 주요 연구과제다.

대한민국 학술원의 존재나 활동이 많이 알려져 있지 않은 탓인지, 일부 누리꾼들은 "올림픽 금메달리스트 연금(월 100만 원)보다 더 많이 받는 것은 문제 아닌가."라고 부정적 반응을 보이기도 했다. 반면 "학자로서 평생 열심히 살면서 충분한 성과를 냈다고 인정받았으니 명예교수 타이틀도 얻은 거 아니냐. 별걸 다 문제 삼는다." "개인 업적을 폄훼하지는 말자."며 과도한 흠집 내기라는 반응도 있었다.

문제는 윤기중 교수가 일본 문부성이 초정한 한국 최초의 유학생이란 점이다. 일본 돈으로 유학한 대부분의 사람들이 그렇듯 윤기중 교수도 편향된 역사관을 가질 수 있다. 윤석열이 한 친일적 발언이 부친의 영향을 받은 것이라는 분석도 그래서 나온 것이다.

윤석열은 대선 기간 중 "문재인 정부가 죽창가로 한일관계를 망쳤다." 라며 일본보다 우리 정부를 공격했다. 당시 일본은 우리에게 경제보복을 가해 전국에서 '노재팬' 운동이 벌어질 대였다.

이어서 윤석열은 "후쿠시마 원전은 폭발하지도 않았고, 방사능 유출도 없었다."라고 말해 일본 극우들까지 놀라게 했다.

〈사진: MBC〉

윤석열은 대통령이 된 후, "일본이 한국을 식민지화한 게 아니라 경영했다."라고 말하고 "조선 총독부 건물을 복원하겠다."라고 말한 박보균을 문체부 장관으로 임명했다. 이런 정황으로 봐 윤기중 교수가 뉴라이트식 사고를 가지고 있지 않으냐는 추론은 얼마든지 할 수 있다.

광복 후에도 한일관계는 그야말로 살벌했는데, 그 시기에 일본 문부성이 초청한 유학생활을 했다면 일본과 특별한 관계가 아니면 불가능한 일이다. 따라서 윤기중 교수가 발표한 연구 논문을 세심히 검증할 필요가 있다. 1969년 당시 일본 유학파들을 소위 "밀항조"라고 칭하는데 그만큼 일본에 가서 공부한다는 것은 쉽지 않은 일이었다. 뉴라이트 소속인 사람들 상당수가 일본 유학파다. 대한민국학술원 회원 일부가 《친일인명사전》에 등재된 것으로 알려지면서 회원 대부분이 친일 성향을 학자인 단체가 아니냐는 비판이 제기되기도 했다.

〈사진: MBC〉

민족문제연구소 조세열 부위원장은 "학술원은 세계 모든 국가가 각국 국내법으로 설립하는 국가기관이기 때문에 딱히 대한민국학술원이 친일 성향이라거나 일제 잔재라고 하기는 어렵다."면서도 "회원 선발과정이 기득권 위주라 보수·친일인사가 많이 포함됐다는 점은 문제."라고 지적했다.

윤석열 주변에는 유난히 '친일본적인 사람들'이 많다. 충청대망론을 부르짖은 정진석의 조부 오오타니 마사오(정인각)은 군용물자 조달 및 국방헌금 모금업무에 적극적인 친일파였고, 부친 정석모는 일본군 장교 출신 박정희 정권에서 승승장구하여 도지사와 내무장관과 국회의원을 한 자다. 정진석은 대선 전 '일본, 윤석열의 부상에 희망을 찾고 있다.'라고 말했다.

정진석은 대법원의 강제징용 배상판결과 관련 일본이 보복조치에 나설 경우 가만히 있지 않겠다는 강경화 외교부장관을 '일본과 전쟁을 하겠다는 거냐?'고 몰아세웠다.

박보균 문체부 장관은 정진석보다 더 심한 친일파로, "일본은 아시아를 지배해 봤기 때문에 준법정신이 좋다. 세계를 지배했던 나라들은 우리나라와 달리 법에 예외를 두지 않는다."라고 말했다.

박보균은 "일본 수산물에 혹시 방사능이 있을까 봐 한국 사람들은 안 먹잖아요. 동경에서는 돈이 없어서 사시미하고 초밥을 못 먹는데….” 이 말은 “일본 후쿠시마 원전폭발이 없었다. 방사능 유출은 없다.”고 한 윤석열의 친일 발언과 그 궤를 같이한다.

〈윤석열과 박보균. 사진: 연합뉴스〉

박보균은 동일본대지진 직후 일본인들의 침착한 대응에 대해선 극찬하면서도 한국인에 대해선 “호들갑에 익숙하다, 남 탓하기와 떼 법의 싸구려 사회 풍토가 득세했다.”라고 비난했다. 그러자 네티즌들이 “일본이 그렇게 좋으면 그리 가라.”고 일갈했다.

다시 묻지만 왜 윤석열 정권에는 일본만 보면 환장하는 사람들이 많을까? 제2부에서 그 뿌리를 추적한다.

제2부

윤석열과 친일신문 조선일보와의 커넥션

CONNECTION

친일신문 조선일보 회장 만난 윤석열

박근혜 정부 시절, 국정원 댓글 조작 사건을 수사하던 윤석열은 "전 개인에 충성하지 않는다."는 발언으로 일약 스타가 되었다. 그 바람에 윤석열은 한직으로 좌천되어 쓰디쓴 시간을 보내야 했다. 그러나 박근혜가 국정 농단으로 탄핵되고 촛불혁명이 일어나 문재인 정부가 들어서자 윤석열에게 드디어 기회가 찾아왔다. 문재인 대통령이 윤석열을 중앙지검장으로 발탁해 준 것이다.

〈사진: 뉴스타파〉

그런데 윤석열이 그때부터 이상한 행동을 시작했다. 윤석열이 현직 중앙지검장 신분으로 언론사 사주를 만난 것이다. 이것은 독립 언론 '뉴스타파'가 상세히 보도해 세상에 알려졌다. 물론 그 전에도 소문이 분분했는데, 검찰총장 청문회 때 윤석열은 이를 인정했다. 하지만 그 때 나눈 이야기는 공개하지 않았다.

일설에 따르면 그때 윤석열을 대통령으로 만들기 위한 이른바 '대호 프로젝트'가 가동되었다고 한다. 조선일보는 전에도 "우리는 정권을 창출할 수도 있고, 무너뜨릴 수도 있다."라고 말한 바 있다.

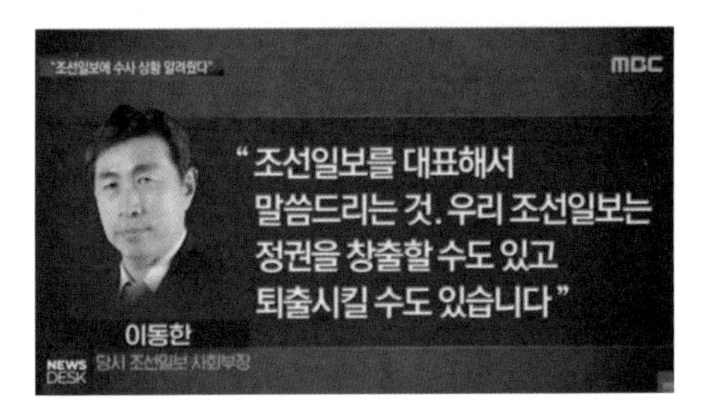

〈사진: MBC〉

영화 대사로 나와 화제가 된 이 말은 사실로 드러났다. 조중동이 합작해 박근혜를 국정농단으로 몰아 탄핵시켜 버린 것이다. 이유는 최순실이 각종 이권에 개입해 조중동이 먹을 떡고물이 부족했던 것이다.

문제는 윤석열이 방상훈 조선일보 사장을 만날 때 조선일보와 관련된 수많은 소송이 진행되고 있었다는 점이다. 그 유명한 장자연 사건이 대표적인 사례다. 이는 검찰법 위반인 동시에 변호사법 위반이 될 수 있었지만 누구도 그것에 대해 거론하지 않았다. 중앙지검장인 윤석열의 보복이 두려웠던 것이다.

〈사진: 뉴스타파〉

박상기 전 법무부 장관은 뉴스타파에 출연해 "윤석열 검찰총장이 서울중앙지검장 시절, 언론사 사주들을 만나고 다녔다는 소문이 있어 이를 윤 총장의 최측근인 법무부 간부에게 확인했고, 그 간부로부터 '한 언론사 사주와 과거 인연으로 사적인 만남을 가진 것은 사실'이라는 보고를 받았다."라고 말했다.

박상기 전 법무부 장관은 윤석열이 "조국 장관을 낙마시켜야 한다."

고 협박 아닌 협박을 했다며 어이없어했다.

〈사진: 뉴스타파〉

뉴스타파의 보도에 따르면 윤석열은 홍석현 중앙홀딩스 회장도 만났는데, 그때 역술인이 동행했다고 한다. 그때부터 조중동의 윤석열 대통령 만들기 프로젝트인 '대호 프로젝트'가 가동된 것이다.

당시 삼성은 바이오로직스 고의 분식회계 때문에 검찰 수사를 받고 있었다. 그밖에도 조중동과 관련된 소송이 수십 건이었는데, 묘하게 윤석열과의 회동 후 대부분 무혐의로 끝났다.

그때 윤석열과 조중동은 다음과 같은 음모를 꾸민 것으로 추론된다.

(1) 검찰개혁을 부르짖는 조국을 어떻게 하든지 낙마시킨다.

(2) 문재인 정부를 공격해 보수층으로부터 지지를 받는다.

(3) 검찰총장을 그만 두고 국힘당에 입당해 대선 후보가 된다.

(4) 대통령이 되면 문재인 정부 인사들을 대대적으로 수사해 감옥에 보낸다.

이와 같은 추론이 가능한 것은 그 후 윤석열의 행동이 그대로 나타났기 때문이다. 특히 '조국사태'로 명명된 사건은 조중동의 잔칫날 같기도 하였다.

칼럼리스트 김이택은 다음과 같이 적었다.

> "윤 총장 행보에 관심이 집중되면서 지난해 서울중앙지검장 시절 그가 보수 언론 사주들을 잇달아 만난 사실에 주목하는 이들이 적잖다. 특히 〈조선일보〉는 사법농단 사건에서 법원행정처와의 의심스러운 돈거래에다 칼럼 대필의 당사자로, 공개 문건에만 9차례나 등장하는데도 아무 탈 없이 넘어갔다. 편집국 책임자까지 배석한 당시 만남을 이번 수사와 연관 짓기는 어려울 것이다. 그러나 국회 검증 국면에 생뚱맞게 '수사'를 촉구해온 보수 언론·야당 주장에 장단 맞춘 결과가 된 것은 여전히 꺼림칙하다."
>
> \- 김이택 칼럼 '이제는 윤석열의 시간'(2019.10.15.)

〈사진: 뉴스1〉

조국 장관을 쳐내는 데 성공한 윤석열은 이어서 법무부 장관으로 임명된 추미애와 건곤일척했는데, 검찰은 추미애 아들의 군대 문제까지 꺼내 총공세를 폈다. 그 바람에 보수층에서 윤석열의 몸값이 올라갔다. 이렇다 할 대선 후보가 없었던 보수층에서 윤석열을 정권교체의 도구로 사용하기로 마음먹은 것이다.

CONNECTION

조선일보 관련 장자연 사건 덮어 준 윤석열 검찰

윤석열이 방상훈 조선일보 사장을 만난 후 언론 관련 소송들이 대부분 무혐의로 종결된 가운데, 그중 가장 문제가 되는 것은 역시 '장자연 사건'이다. 꽃다운 나이에 수구들의 농간으로 죽어간 고 장자연 양의 한을 풀어주기 위해서라도 반드시 재수사가 이루어져야 하지만 모두 침묵하고 있다.

〈사진: 연합뉴스〉

연예계 지망생이었던 고 장자연 씨는 소속사 사장의 권고로 언론사, 정치가, 기업인들 등 20여 명과 술접대와 성접대를 하다가 고통을 참지 못하고 유서를 남긴 채 스스로 목숨을 끊었다.

공개된 유서 속에는 장자연 양의 피 맺힌 한이 구체적으로 적혀있었지만 장자연 양에게 술접대와 성접대를 받은 당사자들은 부인하기에 바빴다.

배우 지망생이 하지도 않은 일을 했다고 유서를 남긴 채 죽을 리 없다. 얼마나 억울했으면 유서라도 남겨 저 기득권 세력들의 추악함을 고발하려 했겠는가?

이에 분노한 문재인 대통령이 장자연 사건과 김학의 사건을 제대로 수서하라고 검찰에 지시했지만, 당시 윤석열이 있던 검찰은 제대로 수사를 하지 않았다. 그 과정에서 윤석열이 방상훈 조선일보 사장과 비밀회동을 한 것은 누가 봐도 '커넥션'이라고 봐야 한다.

언론사주의 아들과 깊숙이 관련된 이 사건은 검찰이 기소도 안 한 채 유야무야 끝났고, 오히려 의혹을 제기한 사람들만 무고죄로 고발되었다.

〈사진: SBS 방송 캡쳐〉

당시 김어준은 "성접대는 있었다는데 가해자는 존재하지 않는다."라고 검찰수사를 꼬집었다. 김어준은 "피해자도 있고, 그 피해자는 억울함에 죽기까지 했는데, 여전히 가해자는 없다."며 분개했다.

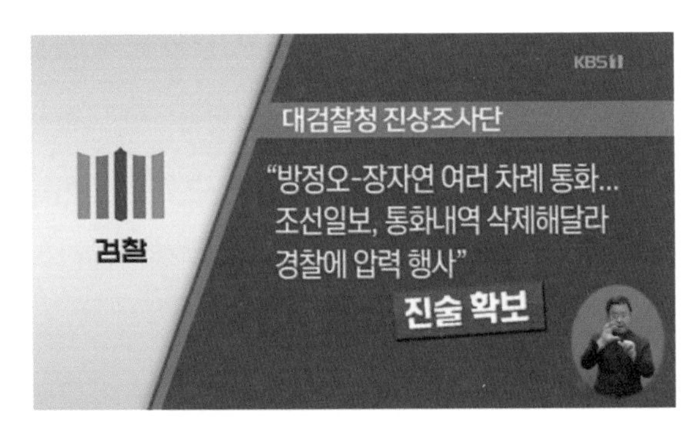

〈사진: KBS〉

그러나 당시 검찰은 방정오가 장자연과 여러 차례 통화한 사실을 확인했다. 아무런 관련이 없다면 방정오가 왜 장자연과 통화를 했겠는가? 그런데 조선일보가 통화내역을 삭제해 달라고 경찰에 압력을 행사했다는 것도 밝혀졌다.

"술접대·잠자리 강요 감금 뒤 구타도 당해"

탤런트 故장자연 "매니저 월급도 부담시켜"

경찰 "재수사"…소속사 前대표 "사실 아니다"

〈사진: KBS〉

장자연 사건은 이 땅의 기득권자들이 얼마나 썩었는지 여실히 보여준 사건으로 피워보지도 못한 한 청춘을 죽음으로 내몰고도 소속사 사장만 처벌받은, 사실상 조선일보와 검찰의 '커넥션'이라 할 것이다.

이 사건 역시 정권이 바뀌면 재수사를 통해 반드시 진상을 규명하고, 장자연 양을 성노리개로 삼고도 무사한 작자들과 수사를 제대로 안 한 검찰을 응징해야 한다. 장자연 사건은 김학의 사건과 함께 검찰의 흑역사로 남을 것이다. 그런 자들이 지금 공정과 상식을 외치며 권력기관 요직에 포진해 있다. 이게 나라인가?

사람이 스스로 목숨을 끊을 마음을 먹으면 어떤 것도 무섭지 않다고 한다. 따라서 장자연 양이 남긴 유서는 100% 팩트로 보면 된다. 죽어가면서까지 거짓말을 할 리 없기 때문이다.

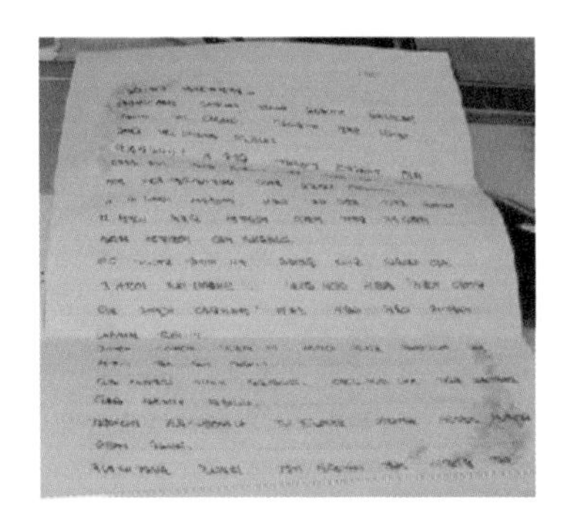

〈고 장자연 양이 남긴 통한의 유서〉

〈검찰에 의해 묵살된 시민들의 요구〉

특히 장자연 사건에 친일 매국 신문 조선일보 일가가 개입되어 있어 더욱 화가 치민다. 일제 강점기에는 천황폐하 만세 운운하며 나라를 팔아먹고, 독재 정부에 아첨해 사세를 늘린 조선일보의 악행은 지옥에 가서라도 반드시 처벌받아야 한다.

CONNECTION

김학의 사건 덮어 준 윤석열 검찰

대한민국 사람치고 김학의란 이름을 한 번이라도 안 들어 본 사람은 없을 것이다. 그만큼 자주 뉴스에 오르내린 사람이기 때문이다. 김학의는 검사 출신으로 박근혜 정부 때 법무부 차관으로 임명되었으나 기업인에게 성접대를 받았다는 의혹이 터져 낙마한 사람이다.

〈감학의와 윤중천. 사진: 오마이 뉴스〉

당시 언론에 공개된 윤중천 씨의 별장은 음습한 아방궁 분위기를 풍겼는데, 바로 거기서 검사, 정치인, 기업인들에 대한 성접대가 이루어지고 있었다.

처음엔 국민들도 설마 하다가 관련 동영상이 공개되자 모두 경악했다. 영상 속에는 김학의가 분명 보였던 것이다. 그러나 검찰은 영상만으론 김학의를 특정할 수 없다며 무혐의를 내렸다. 여러 증인들이 김학의를 지명했지만 검찰은 자기 식구 감싸느라 여념이 없었다.

검찰이 김학의 성접대 사건을 사생결단 막은 것은 모든 게 사실로 드러나면 검찰에 대한 불신이 하늘을 치솟을 것이고, 또 어떤 고위급 검사가 성접대를 받았다는 사실이 공개될지 모르기 때문일 것이다.

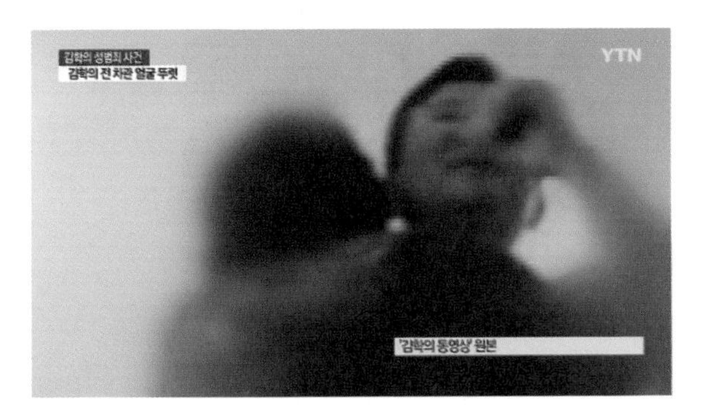

〈김학의 성접대 영상. 사진: YTN〉

당시 언론에 공개된 영상을 보면 김학의가 어떤 여성의 뒤에서 섹스를 하는 장면이 나온다. 검찰은 영상이 흐려 누구인지 구분할 수 없다고 했지만 새빨간 거짓말이었다.

대한민국 역사상 이토록 증거가 명확한데도 무혐의를 내린 수사는 아마 없을 것이다. 그래놓고 공정과 상식을 외쳐 대통령이 된 윤석열도 이 사건을 생각하면 아마 얼굴이 붉어질 것이다.

〈사진: 아이엠피터〉

MBC 'PD수첩'은 윤중천 회장의 강원도 별장에서 성접대 의혹을 받은 리스트를 공개했다. 그러나 곁가지들만 처벌받았을 뿐 주인공 김학의는 끝내 무죄를 선고받았다. 육안으로도 김학의를 알 수 있는 영상이 있는데 검찰은 특정할 수 없다고 억지를 부렸다. 반면에 윤석열 검찰은 위조 증거가 없는데도 정경심 교수에게 7년을 구형했다. 그 분노가 터져나와 윤석열 정권의 국정 지지율이 20%대를 헤매고 있는 것이다.

〈사진: 아이엠피터〉

비록 윤석열은 당시 수사에 가담하지 않았지만 그때 지휘라인 중 상당수가 대선 때 윤석열을 지지했고, 유상범은 지금도 국힘당 의원으로 있다. 유상범은 영화 〈친구〉에서 장동건과 함께 출연해 유명해진 영화배우 유오성의 형이기도 하다.

김학의 사건은 장자연 사건과 함께 검찰의 흑역사로 길이 남을 것이다. 우리는 지금도 생생히 기억하고 있다. 김학의가 몰래 국내를 빠져나가려다 인천공항에서 들킨 장면 말이다.

〈사진: 연합뉴스〉

그런데 피의자가 해외로 나가려 한다면 즉각 체포가 정답인데, 검찰은 절차 운운하며 김학의를 비호했다. 검사동일체가 이렇게 무서운 것이다.

〈몰래 출국하려다 적발된 김학의. 사진: MBC〉

CONNECTION

국민대 수사 못 하는 윤석열 검찰

모든 학술단체가 김건희의 박사학위 논문이 표절이라고 규정하고 있는데, 국민대는 “심한 연구 부정은 없었다.”라고 발표해 전 국민을 분노케 하였다. 이에 시민단체 및 국민대 졸업생들이 나서 검찰이 나서 수사해 줄 것을 촉구했지만 윤석열 검찰은 침묵하고 있다.

〈사진: 연합뉴스〉

또한 김건희는 도이츠모터스 주가 조작 혐의를 받고 있지만 아직까지 검찰 소환에 불응하고 근래 들어서야 겨우 서류조사에 응했다고 한다. 권오수 회장 등 다섯 명이 모두 구속되었는데, 정작 돈을 댄 사람(전주)인 김건희는 검찰소환도 불응한 것이다.

윤석열은 대선 때 "제 아내는 10월까지 주식 거래를 하고 그 후 도이츠모터스 주식을 거래하지 않았습니다."라고 말했다. 하지만 얼마 후 KBS가 추가 계좌를 공개해 윤석열의 말이 새빨간 거짓임이 드러났다. 이것은 허위사실 유포로 공직선거법에 위배되는데 아무도 이걸 거론하는 사람이 없다. 이재명 후보는 경기도 지사에 출마했다가 과거에 한 발언 때문에 기소되어 재판을 받아야 했다.

〈사진: 연합뉴스〉

한편 김건희의 도이츠모터스 주가 조작 혐의를 수사하던 수사팀이 김건희를 무혐의로 풀어주려다 검찰 수뇌부(1차장)의 제동으로 수사가 사실상 멈추어졌다는 보도도 나왔다. 검찰이 봐도 증거가 너무 명확해 무혐의로 풀어주었다간 검찰 전체가 욕을 먹기 때문인 것으로 읽힌다.

그런데 김건희가 졸업한 국민대가 도이츠모터스 주식을 29억 원어치나 사 24억 원에 판 게 드러나 파장이 커지고 있다. 이게 사실이면 국민대는 배임죄에서 자유스러울 수 없게 된다.

〈사진: 한겨레TV〉

표창장 하나로 70군데 넘게 압수수색을 한 윤석열 검찰은 김건희의 박사 학위 논문 표절과 도이츠모터스 주가 조작 혐의에 대해선 침묵하고 있다. 거기에다 김건희는 20개 넘은 학력 및 경력 위조가 밝혀져 김건희가 사과까지 하였다. 그런데도 검찰은 시민단체의 고발에도 불구하고 수사를 안 하고 있다. 아니, 못 하고 있는지도 모른다. 김건희의 위세가 두려운 것이다.

〈사진: 뉴스타파〉

국민대는 김건희의 박사 학위 논문 표절을 봐주기한 데 이어 수상한 주식 거래까지 했지만 윤석열 검찰은 이에 대해 침묵하고 있다. 그래서 나온 말이 "윤석열 정권의 국정 지지율은 김건희가 다 까먹는다."란 말이다. 실제로 국민들은 윤석열보다 김건희를 더 미워하는 것으로 알려졌다.

〈사진: 연합뉴스〉

국민대는 김건희 때문에 학교의 역사와 전통을 팽개치고 권력의 눈치만 보고 있다. 그 학교에 보수 논객이 많은 게 결코 우연이 아니다.

하지만 민주당이 '본부장 비리 특검'을 발의해 수사가 진행되면 상황이 달라질 것이다. 특히 도이츠모터스 주가 조작은 증거가 워낙 명확해 무혐의를 내리기 힘들 것이다.

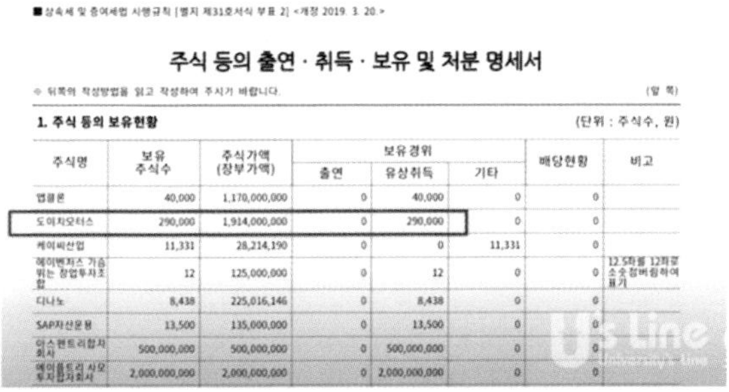

■상속세 및 증여세법 시행규칙 [별지 제31호서식 부표 2] <개정 2019. 3. 20.>

주식 등의 출연 · 취득 · 보유 및 처분 명세서

※ 뒤쪽의 작성방법을 읽고 작성하여 주시기 바랍니다. (앞 쪽)

1. 주식 등의 보유현황 (단위 : 주식수, 원)

주식명	보유 주식수	주식가액 (장부가액)	보유경위			배당현황	비고
			출연	유상취득	기타		
엠플론	40,000	1,170,000,000	0	40,000	0	0	
도이치모터스	290,000	1,914,000,000	0	290,000	0	0	
케이씨산업	11,331	28,214,190	0	0	11,331	0	
[illegible] 창업투자조합	12	125,000,000	0	12	0	0	12.5좌를 12좌로 소수점버림하여 표기
디나노	8,438	225,016,146	0	8,438	0	0	
SAP자산운용	13,500	135,000,000	0	13,500	0	0	
[illegible]	500,000,000	500,000,000	0	500,000,000	0	0	
[illegible]	2,000,000,000	2,000,000,000	0	2,000,000,000	0	0	

〈국민대와 도이츠모터스 주식거래. 사진: 뉴스타파〉

사립대의 경우 수익용 기본재산을 취득하거나 처분할 때 사립학교법에 따라 이사회의 의결 절차를 거쳐야 한다. 그러나 국민대는 이 과정을 거치지 않고 도이츠모터스 주식을 샀다. 이는 명백한 사립학교법 위반인데도 국민대는 침묵만 하고 있다. 할 말이 많아도 김건희의 위세와 윤석열의 보복이 두려운 것이다. 침묵만 하고 있는 검찰은 더 비겁하다. 경찰은 최근 김건희 건에 대해 무혐의를 발표했다.

제3부

조선일보와 일제, 독재정부와의 커넥션

CONNECTION

친일, 친일파, 친일반민족행위자

언젠가 지인(知人)이 “친일과 친일파가 어떻게 다르냐?”라고 물었다. 필자가 대답을 망설이자 그 지인은 친일(親日)은 일본과 친하다는 의미이고, 친일파는 일제 강점기 일제에 부역한 사람들을 말한다고 알려 주었다. 그러면서 지인은 “정식 명칭은 일제반민족행위자야.”라고 가르쳐 주었다.

〈사진: 민족문제 연구소〉

필자는 문학을 하면서 역사에도 관심을 두고 꾸준히 공부해온 터라

지인에게 《친일인명사전》에 대해서도 물었다. 마침 지인의 서재에 그 사전이 진열되어 있었다.

각계각층의 성금으로 민족문제연구소가 발간한 《친일인명사전》은 우리의 역사에 하나의 사건이다. 그동안은 이승만, 박정희, 전두환, 노태우 등 수구 세력이 집권해 감히 엄두도 못 낸 《친일인명사전》이 발간되기까지 얼마나 많은 피와 눈물을 흘렸는지는 말하지 않아도 잘 알 것이다.

뉴욕타임스-영국 BBC, 역사 교과서 국정화추진에 일갈

박정희 일군 복무 등 특권층 은폐 군사독재 미화 의도

'박정희는 군사쿠데타,
박근혜는 역사쿠데타'

〈사진: 역사 카페〉

그러나 《친일인명사전》을 냈다고 해서 모든 게 해결된 것은 아니다. 친일파 후손들이 고소, 고발을 남발했고, 심지어 《친일인명사전》을 각 학교에 비치하려 하자 보수 단체가 나서 온갖 방해를 하였다. 이명박 정부 때는 식민사관에 동조하는 소위 '뉴라이트'가 설립되었고, 박근혜 정부 때는 역사 교과서를 국정화하기도 했다.

우리가 흔히 보수, 진보할 때 보수는 자유와 시장경제, 그리고 민족의 얼을 소중히 여기는 이념 집단이다. 그러나 유독 우리나라 보수들은 친일에 민감한데, 그 이유는 자신들의 조상이 친일에 많이 연루되어 있기 때문이다. 따라서 《친일인명사전》 발간을 반대하고 방해하는 세력은 보수라기보다 극우라고 해야 옳다. 진정한 보수는 나라를 빼앗은 세력에 부역하지 않기 때문이다.

자칭 보수들은 《친일인명사전》을 두고 이념 편향적이니 민족 갈라치기니 온갖 억지를 부리지만, 정작 그들이 두려워하는 것은 조상의 일제 부역 행위가 만천하에 드러날까 두렵기 때문이다. 그들이 친일에 대항해 '종북'이란 말을 만들어 낸 것도 그 때문이다. 보수들이 《친일인명사전》을 발간한 민족문제연구소와 임헌영 소장을 종복으로 몰아 매도한 이유도 거기에 있다. 말이 좋아 '종북'이지 사실은 '빨갱이'로 매도하고 싶은 것이다.

광복 이후 수구들이 기득권 카르텔을 형성해 살 수 있는 것도 그 '빨갱이'란 말 때문이다. 누구든 '빨갱이'로 몰아 버리면 어떤 변명도 통하지 않았다. 진보당 조봉암이 그렇게 해서 제거되었고, 한참 후 김대중도 '빨갱이'로 몰려 다섯 번의 죽을 고비를 겪어야 했다.

보수 단체에선 《친일인명사전》을 각 학교에 비치하거나 도서관에 비치하는 것은 정치적 중립성에 위배된다고 하였으나 어불성설이다. 그들에게 2차 대전 후 프랑스에서 부역자들을 어떻게 처단했는지 공부하라고 말하고 싶을 정도다.

한국에서 수구들이 설칠 수 있었던 것은 6.25 전쟁과 남북 분단으로 체제가 불안정하기 때문이다. 일제 강점기 일제에 부역한 자들이 6.25를 이용해 반공투사가 된 것은 주지의 사실로, 박정희와 백선엽이 그 대표적인 인물이다. 그 두 사람은 만주 군관 학교 출신에다 독립군을 때려잡는 '간도특설대' 출신이기도 하다. 남로당에 가입했다가 처형될 위기에 놓여 있는 박정희를 구해 준 사람은 백선엽이었다.

〈사진: KBS〉

《친일인명사전》에 등재된 사람들은 대부분 이미 죽었다. 따라서 이들을 따로 처벌할 수도 없다. 문제는 그 후손들로 아직도 조상이 일제로부터 얻은 재산으로 부귀영화를 누리고 있다는 점이다. 어떤 이는 소송을 해 승소하기도 하였다. 재판 때 친일재산환수를 반대한 재판관이 지금 윤석열 정권의 장관을 하고 있다. 부역자들을 끝까지 찾아 처벌한 프랑스 같으면 도저히 일어날 수 없는 일이다.

3.1운동과 광복 때 태극기를 들고 거리로 뛰쳐나와 만세를 부른 우리 민족인데, 나중에 '태극기 부대'가 보수를 대표하게 된 것은 비극이다. 그들 중에는 아베 일본 수상을 추앙하거나 아베가 죽었을 때 눈물을 흘린 사람도 있다. 아베가 누구인가? 2차 대전 전범이자, 박정희의 스승이며, 우리나라를 침략한 원흉인 기시 노부스케의 외손자가 아닌가.

민족문제연구소에서 《친일인명사전》을 발간하려 하자 2003년 국회는 5억 원의 지원 예산을 전액 삭감했다. 그러자 시민들이 성금을 내 발간한 책이 바로 《친일인명사전》이다.

혹자는 그 시절 친일을 하지 않고 살 수 있었겠느냐고 따지기도 하지만, 당시에도 고향과 가족을 두고 만주로 가 조국의 독립을 위해 산화한 분들이 많다는 점에서 그건 반박의 근거가 되지 못한다.

우리가 문제 삼고 싶은 것은 '생계형 친일'이 아니라, 일제에 군수물자를 사 주고, 조선 청년들을 전쟁터로 나가라고 소리친 부역자들이다. 얼마나 많은 언론과 지식인들이 일제에 부역했는지는 뒤에서 따로 다룬다.

종북이란 말 때문에 핍박받고 제거된 사람은 많지만 친일 때문에 핍박받고 제거된 사람은 드물다. 그 이유는 아직도 친일파 후손들이 이 땅의 기득권으로 남아 있기 때문이다.

친일반민족행위자와 조선일보

일제 강점기 면서기를 하거나 단순히 총독부에 근무했다고 해서 그들을 모두 '친일반민족행위자'로 규정할 수는 없다. 친일에도 적극적 친일과 소극적 친일이 있기 때문이다.

〈사진: 민족문제연구소〉

반민족행위 진상규명에 관한 특별법 제2조에는 다음과 같은 사람들을 '친일반민족행위'로 규정하고 있다.

1. 국권을 지키기 위하여 일본제국주의와 싸우는 부대를 공격하거나 공격을 명령한 행위.
2. 국권을 회복하기 위하여 투쟁하는 단체 또는 개인을 강제해산시키거나 감금·폭행하는 등의 방법으로 그 단체 또는 개인의 활동을 방해한 행위.
3. 독립운동 또는 항일운동에 참여한 자 및 그 가족을 살상·처형·학대 또는 체포하거나 이를 지시 또는 명령한 행위.
4. 독립운동을 방해할 목적으로 조직된 단체의 장 또는 간부로서 그 단체의 의사결정을 중심적으로 수행하거나 그 활동을 주도한 행위.
5. 밀정행위로 독립운동이나 항일운동을 저해한 행위.
6. 을사조약·한일합병조약 등 국권을 침해한 조약을 체결 또는 조인하거나 이를 모의한 행위.
7. 일제로부터 작위를 받거나 이를 계승한 행위. 다만, 이에 해당하는 사람이라 하더라도 작위를 거부·반납하거나 후에 독립운동에 적극 참여한 사람 등으로 제3조에 따른 친일반민족행위진상규명위원회가 결정한 사람은 예외로 한다.
8. 일본제국의회의 귀족원의원 또는 중의원으로 활동한 행위.
9. 조선총독부 중추원 부의장·고문 또는 참의로 활동한 행위.
10. 일본제국주의 군대의 소위(少尉) 이상의 장교로서 침략전쟁에 적극 협력한 행위.

11. 학병·지원병·징병 또는 징용을 전국적 차원에서 주도적으로 선전(宣傳) 또는 선동하거나 강요한 행위.
12. 일본군을 위안할 목적으로 주도적으로 부녀자를 강제동원한 행위.
13. 사회·문화 기관이나 단체를 통하여 일본제국주의의 내선융화 또는 황민화운동을 적극 주도함으로써 일본제국주의의 식민통치 및 침략전쟁에 적극 협력한 행위.
14. 일본제국주의의 전쟁수행을 돕기 위하여 군수품 제조업체를 운영하거나 대통령령이 정하는 규모 이상의 금품을 헌납한 행위.
15. 판사·검사 또는 사법관리로서 무고한 우리 민족 구성원을 감금·고문·학대하는 등 탄압에 적극 앞장선 행위.
16. 고등문관 이상의 관리, 헌병 또는 경찰로서 무고한 우리 민족 구성원을 감금·고문·학대하는 등 탄압에 적극 앞장선 행위.
17. 일본제국주의의 통치기구의 주요 외곽단체의 장 또는 간부로서 일본제국주의의식민통치 및 침략전쟁에 적극 협력한 행위.
18. 동양척식회사 또는 식산은행 등의 중앙 및 지방조직 간부로서 우리 민족의 재산을 수탈하기 위한 의사결정을 중심적으로 수행하거나 그 집행을 주도한 행위.
19. 일본제국주의의 식민통치와 침략전쟁에 협력하여 포상 또는 훈공을 받은 자로서 일본제국주의에 현저히 협력한 행위.
20. 일본제국주의와 일본인에 의한 민족문화의 파괴·말살과 문화유산의 훼손·반출에 적극 협력한 행위.

이에 따라 우리 정부는 2006년 106명, 2007년 195명, 2009년 705명 등 총 1600여 명의 '친일반민족행위자' 명단을 발표하고 《친일인명사전》을 출간했다.

〈사진: 다음카페〉

현재는 약 3000여 명이 《친일인명사전》에 등재되어 있으나 앞으로 연구 결과물이 나오면 그 수가 늘 수 있다. 물론 《친일인명사전》에 등재되었으나 조국의 독립에 현격한 공이 있을 경우는 명단에서 빠질 수도 있다.

일제 강점기 일제에 부역한 사람들을 고발한 것도 중요하지만, 그것보다 더욱 중요한 것은 그 후손들이 조상으로부터 물려받은 엄청난 재산으로 기득권 카르텔을 형성해 이 땅의 민주주의와 통일을 방해하고 아직도 일본 편을 드는 것을 응징하는 것이다. 그 대표적인 세력이 조선일보다.

방씨 일가의 제국 조선일보

어느 시대든 언론은 어둠을 밝히는 등불 혹은 갈 길을 잃고 헤매는 배를 안전한 포구로 이끄는 등대 역할을 해야 정상이다. 그러나 오늘날 한국의 여론을 지배하는 조중동은 그러질 못했다. 일부 민주화 투쟁의 역사도 있지만 대부분 일제와 독재정부에 부역해 성장했다. 그중 조선일보의 친일행각은 타의 추종을 불허한다.

민족문제연구소가 시민들의 성금을 모아 발간한 《친일인명사전》에 등재된 사람 중 33명이 언론인이다. 한때 한국 신문의 70%를 차지한 조중동의 설립자들이 모두 친일에 연루되었다. 《친일인명사전》 발간으로 고소, 고발이 남발되었고, '민족 갈리치기'라 비판하는 사람들도 많았다. 그러나 광복된 지 거의 70년 만에 일제 부역자들의 명단을 따로 작성해 발간한 것은 역사에 하나의 획을 그은 것이다.

앞에서 언급했듯 조중동 중에 조선일보의 친일 행각이 가장 심했는데, 그 친일의 역사가 지금까지 이어오고 있다. 우선 조선일보의 방씨 일가 가계도를 보자.

〈왼쪽부터 방응모, 방일영, 방우영, 방상훈 방씨 일가〉

조선일보의 역사는 방씨 일가의 역사라 할 정도로 4대에 걸쳐 그 일족이 경영하고 있다. 조선일보를 인수한 사람은 방응모(方應謨)로, 그는 1883년 9월 평안남도 정주군 동률면 소암동에서 태어났고 1950년 8월에 사망했다.

방응모는 원래 금광을 경영하다가 조선일보가 운영난에 헤매자 신문사를 인수해 운영했다. 조선일보는 방응모가 인수하기 전에는 민족 지도자들도 다수 참여하였으나 1937년 중일전쟁 후 본격적으로 일제에 부역하는 신문으로 전락했다.

1910년 강제로 조선을 합병한 일본은 가혹한 무단 통치를 실시했다. 헌병들과 순사들이 칼을 차고 다녔으며, 조선인을 즉결 처단하기도 하였다. 따라서 당시 어른들은 아이들이 말을 잘 듣지 않으면 "저기 일본 순사 온다." 하고 겁을 주기도 하였다. 그만큼 일제 강점기 헌병들과 순사들은 무서운 존재들이었다.

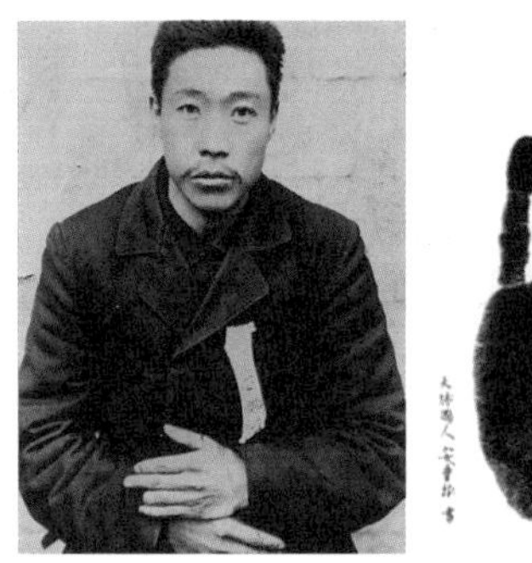
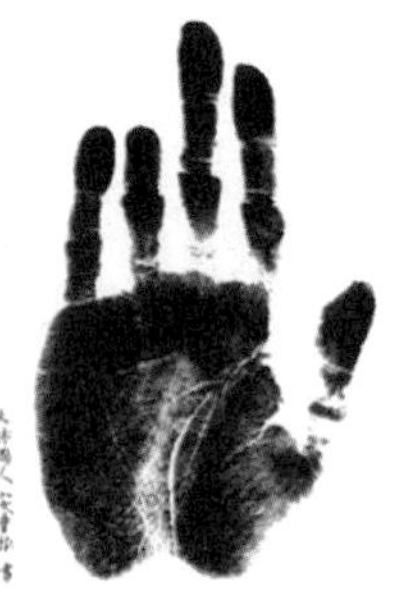

〈안중근 의사. 사진: 다음 백과〉

그러나 일제의 가혹한 무단통치에 반발해 1909년 이토 히로부미가 안중근 의사에 의해 피살되고, 1919년 3.1운동이 거국적으로 일어나자 일제는 1920년 들어 문화통치를 한답시고 조선일보를 창간하게 해주었다.

〈사진: 다음 카페〉

조선일보는 1920년 3월 5일 '대정실업친목회'가 주도해 창간되었다. '대정실업친목회'는 대표적 친일기업인 단체로 조선일보 초대 사장을 지낸 조진태, 초대 부사장 겸 발행인 예종석 등은 대표적인 친일파였다. '대정실업친목회'는 3.1운동에서 표출된 우리 민족의 독립의지보다 일제의 내선 융화에 앞장섰다.

〈색복 장려 깃발. 사진: 국립여성사전시관〉

조선일보는 경영난으로 허덕이다가 1921년 송병준에게 매도되었다. 그러다가 1924년 9월 13일에 신석우가 조선일보를 인수했는데, 그때부터 민족 지도자들이 잠시 참여하기도 하였다. 4대 사장으로 취임한 이상재는 신간회 결성을 주도하였고, 문자보급운동에 앞장섰다.

일제강점기, 일본은 조선의 문화 및 풍속을 말살하기 위해 소위 '백의

폐지운동'을 대대적으로 펼쳤다. 그 일환으로 실시한 것이 '색복장려 정책'이다. 즉 흰 옷을 입지 말고 색깔이 있는 옷 즉 일본 옷이나 서양 옷을 입자는 것이다. 위의 사진은 일제가 벌인 색복장려운동을 보여 주는 실물 자료로 현재 경기 고양시 덕양구 화중로 104번길 50 국립여성사전시관에 전시되어 있다. 일제가 벌인 백의폐지운동은 상투를 자른 것 이상의 의미가 있었다. 외양은 물론 조선의 얼까지 바꾸어 버리려 한 것이다.

일제가 벌인 이 운동에 조선일보가 적극 홍보하고 나섰다. 1927년 12월 17일 자 조선일보에는 우리 민족의 상징인 '백의(白衣)'를 더 이상 입지 말자는 기사가 나온다. 우리 민족의 얼을 말살 시키려는 일제의 농간에 부화뇌동(附和雷同)한 것이다. 백의폐지운동은 조선총독부에서 정책적으로 추진했다.

조선일보는 1940년 잠시 폐간되는데, 그해 8월 10일 자 폐간사에는 이렇게 적혀 있다. "신문통제의 국책과 총독부 당국의 통제방침에 순응하여 금일로 폐간한다." 이것을 보면 강제폐간이 아니라, 자진폐간으로 보인다. 조선일보가 폐간 후 보상금을 챙긴 것도 자진 폐간의 근거가 될 수 있다.

하지만 조선일보는 아직까지 자신들이 일제에 저항했기 때문에 폐간되었다며 조선일보를 민족지라 칭송하고 있다. 그러자 어느 네티즌이 "조선일보가 신문이면 우리 집 화장지는 팔만대장경이다."라고 일갈해 화제가 되었다.

1937년 중일전쟁이 발발하자 일제는 조선일보와 동아일보를 압박해 군수물자를 헌납하거나 후원금을 내게 했다. 물자절약의 일환으로 종이를 아낀답시고 조선일보와 동아일보를 폐간하였으나, 그것은 역설적으로 자신들의 식민화 정책에 충실하라는 압박에 다름 아니었다.

'조선·동아 폐간 계획이 담긴 총독부 한 비밀문서는 "조선 통치의 지도정신은 내선일체(內鮮一體)와 황국신민화인데, 그 완성은 본질적으로는 조선인이 지닌 민족의식의 저류에 의해, 형식적으로는 조선·동아일보의 존재에 의해 저해되고 있다."고 평가했다. 두 신문을 죽이지 않고는 조선을 온전히 제 것으로 할 수 없음을 알았던 것이다.'

그러나 조선일보는 곧 복간되었다. 이것만 봐도 조선일보 폐간은 일제에 충실하려는 쇼였던 것이 드러난 셈이다. 조선일보가 폐간되자 많은 시인들이 폐간을 애통해 하는 시를 남겼는데, 그 대표적인 시인이 바로 미당 서정주다.

〈중일전쟁〉

조선일보가 본격적으로 친일 행각을 벌인 것은 1937년에 일어난 중일 전쟁 이후로 보인다. 그때부터 조선일보는 일본을 아군이라 하고 침략전쟁을 성전(聖戰)이라 추앙했다.

조선일보는 신문에 국방헌금을 낼 것을 독려하고 신사참배도 강요해 총독부의 황국신민화 정책에 충성을 다하였다. 아울러 조선일보는 조선 청년들을 전쟁터로 나가게 독려했고, 군수물자를 후원했다. 그 기록은 모두 남아 있어 아무리 아니라고 우겨대도 조선일보의 일제 부역 사실은 숨겨지지 않는다. 그런 조선일보를 일제가 폐간한 것은 아이러니다.

당시 일제에 부역한 언론인들이 많았는데, '친일반민족행위자'로 규정된 언론인 명단은 다음과 같다.

▷ 김동진(金東進, 1902~?) 동아일보 기자, 조선일보 도쿄지국장, 매일신보 총무국장·발행인 겸 편집인, 임전대책협의회·대화동맹 등 친일 단체 활동

▷ 김상회(金尙會, 1890~1962) 시사평론 편집인 겸 발행인·사장 겸 주필, 매일신보 편집국장·논설부 주임, 조선총독부 중추원 참의

▷ 김선흠(金善欽, ?~?) 매일신보 기자·편집인 겸 발행인

▷ 김성수(金性洙, 1891~1955) 3.1운동 참여 등 독립운동 → 변절 → 동아일보 사장, 경성방송국 시국강좌 연설, 국민정신총동원 조선연맹·국민총력조선연맹·흥아보국단·조선임전보국단 등 친일 단체 활동, 춘추 등 친일잡지·매일신보 등 기고

▷ 김환(金丸, ?~?) 국민신보 기자, 매일신보 근무, 협성구락부·국민협회 등 친일 단체 활동

▷ 노성석(盧聖錫, 1914~1946) 신시대 발행인, 조선임전보국단·대화동맹 등 친일 단체 활동

▷ 노창성(盧昌成, 1896~1955) 국민총력조선연맹·임전대책협의회 등 친일 단체 활동

▷ 민원식(閔元植, 1886~1921) 시사신문 사장, 친일 단체 국민협회 조직

▷ 박남규(朴南圭, 1905~) 내선일체실천사 사장, 내선일체 편집인 겸 발행인

▷ 박희도(朴熙道, 1889~1952) 3.1 독립선언 민족대표 33인 → 변절 → 친일 잡지동양지광 창간

▷ 방응모(方應謨, 1883~1950) 조선일보 사장, 친일잡지 조광 창간

▷ 방태영(方台榮, 1885~ ?) 매일신보 발행인 겸 편집인·편집국장, 대정친목회·동민회 등 친일 단체 활동, 삼천리·신시대·조광 등 친일 잡지 기고

▷ 변일(卞一, ?~?) 자주독립사상 고취 제국신문 주필 → 변절 → 매일신보 발행인 겸 편집인

▷ 서춘(徐椿, 1894~1944) 도쿄 2.8 독립선언 9인 대표 참가 → 9인 대표 중 소설가 이광수와 함께 변절 → 동아일보 기자, 조선일보 기자, 매일신보 주필, 조광 등 친일 잡지 기고, 친일 잡지 태양 창간

▷ 선우일(鮮于日, 1881~1936) 매일신보 발행인 겸 편집인, 만주일보 창간 및 간도신문 경영, 조선일보 편집국장, 대정친목회 등 친일 단체 활동

▷ 송순기(宋淳夔, 1892~1927) 매일신보 기자·발행인 겸 편집인·논설부장

▷ 신광희(申光熙, 1877~?) 대한제국 육군무관학교 1기 졸업 → 변절 → 대한신문 사장·발행인 겸 편집인, 국시유세단 등 이완용 계열 친일 단체 활동

▷ 심우섭(沈友燮, 1890~1946) 매일신보 기자·편집고문, 동민회·

구일회·조선임전보국단 등 친일 단체 활동

▷ 양재하(梁在廈, 1906~1966) 조선일보 기자, 동아일보 기자, 조선임전보국단 등 친일 단체 활동, 춘추 등 친일 잡지 기고

▷ 유광렬(柳光烈, 1898~1981) 동아일보 사회부장, 조선일보 사회부장, 매일신보 편집국장, 친일잡지 조광 필진, 조선임전보국단·조선언론보국회 등 친일 단체 활동

▷ 이기세(李基世, 1888~1945) 시사신문 근무, 국민협회 등 친일 단체 활동, 매일신보 사회부장·편집인 겸 발행인

▷ 이상협(李相協, 1893~1957) 매일신보 발행인 겸 편집장, 동아일보 편집국장, 조선일보 편집고문, 국민정신총동원조선연맹·조선임전보국단 등 친일 단체 활동

▷ 이원영(李元榮, 1910~1985) 매일신보 도쿄 특파원·논설위원, 동양지광 등 친일 잡지 기고

▷ 이윤종(李允鍾, 1896~?) 매일신보 편집국장·논설부장, 신시대·조광 등 친일 잡지 기고

▷ 이익상(李益相, 1895~1935) 조선일보 학예부장, 동아일보 학예부장, 매일신보 편집국장

▷ 이장훈(李章薰, ?~?) 매일신보 발행인 겸 편집인

▷ 이정섭(李晶燮, 1895~?) 조선일보 정치부장, 시중회 등 친일 단체 활동, 삼천리 등 친일 잡지 및 조선일보 기고

▷ 이창수(李昌洙, 1909~?) 매일신보 통신부장·논설위원, 조광·

춘추·신시대 등 친일 잡지 기고, 조선언론보국회 등 친일 단체 활동

- ▷ **정우택(鄭禹澤, 1889~?) 매일신보 편집인 겸 발행인, 동아일보 정리부장**
- ▷ **정인익(鄭寅翼, 1902~1955) 조선일보 기자, 매일신보 사회부장·도쿄지부장, 조선언론보국회 등 친일 단체 활동**
- ▷ **최영년(崔永年, 1859~1935) 일진회 등 친일 단체 활동**
- ▷ **함상훈(咸尙勳, 1903~1977) 친일 잡지 조광 필진, 배영동지회·조선임전보국단·조선언론보국회 등 친일 단체 활동**
- ▷ **홍순기(洪淳起, 홍양명(洪陽明), 1906~?) 조선일보 기자·논설위원, 매일신보 신징 지사장**
- ▷ **홍승구(洪承耉, 1889~1961) 조선총독부 소속 관리, 매일신보 도쿄 특파원·논설부장, 신민·반도지광·신시대 등 친일 잡지 기고**

중복 집계를 포함하여 친일파 언론인은 매일신보 출신 22명, 조선일보 출신 12명, 동아일보 출신 8명 순이다. 이들 중에는 억울하다고 생각하는 사람들도 있을 것이다. 그러나 객관적 자료를 통해 규정한 것이니 억울해할 것도 없다.

CONNECTION

일제와 독재 정부가 키운 조선일보

조선일보에 대해선 곧잘 비판하면서도 정작 조선일보에 대해서 물으면 잘 모르는 사람이 많다. 심지어 조선일보가 언제 창간되었고, 지금의 조선일보를 이끄는 사람들이 누구인지도 모르는 경우가 허다하다.

〈조선일보 사옥. 사진; 연합뉴스〉

그러나 상대가 누구인지도 모르고 맹목적 비판만 해서는 공감을 얻지 못하고 또 비판의 실효성도 없다. 우선 상대를 알고, 상대의 무엇이 맹점인지 알아야 공격의 방향도 정해질 수 있다. 그런 의미에서 조선일보에 대해 아는 것이 매우 중요하다. 나무위키를 바탕으로 조선일보를 간략하게 소개하면 다음과 같다.

조선일보는 1920년 3월 5일에 친일 상인 단체인 '대정친목회'에 의해 창간되었고, 그 후 금광사업을 하던 방응모가 이를 인수하였으며, 이어서 방일영, 방우영, 방상훈으로 이어지고 있다. 본사는 서울특별시 중구 세종대로21길 30(태평로1가)에 있다. 현재 대표이사 사장으로 방상훈, 대표이사 부사장으로 홍준호가 있다. 부사장으로는 방상훈 사장의 아들 방준오가 있다.

조선일보의 연매출은 3,291억 7,569만 원(2020년 연간)이고, 영업이익은 431억 5,079만 원(2020년 연간), 순이익은 364억 5,107만 원(2020년 연간)이며, 최대 주주로 방상훈(지분 30.03%)이 있다. 2019년 12월 기준 약 473명의 직원들이 근무하고 있는 국내 최대 신문사다.

조선일보의 구독자는 100만 명이 넘은 것으로 발표되었으나, 그중 상당수가 허수로 신문지가 동남아로 수출되고 있는 것이 밝혀져 현재 수사 중이다.

조선일보는 2017년 6월 24일, 대한민국 최초로 지령 30,000호를 냈고, 1995년에 온라인 서비스를 시작했으며 자회사인 TV조선을 설립해 대표적인 우파 성향 언론으로 자리 잡았다.

조선일보의 논조는 강력한 보수주의로 반공주의 성향이 짙다. 자칭 '1등 신문'이라고 자랑하지만 평가는 극과 극을 달린다. 그만큼 조선일보가 우편향적이고 친일적 냄새가 강하기 때문이다. (이상 '나무위키' 참조)

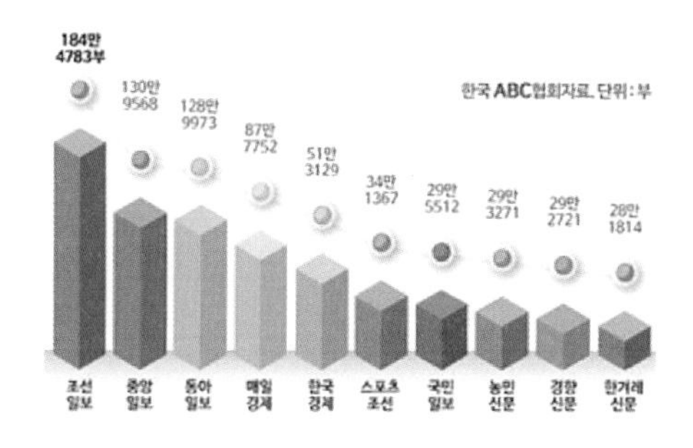

〈2020년 기준, ABC협회 자료〉

조선일보가 부수로는 1위이면서도 여러 지상파 채널 및 종편과 포털 사이트에 밀려 영향력 및 신뢰도 조사 순위 모두에서 10위로 추락한 것은 사사하는 바가 크다.

조선일보가 급격하게 성장한 것은 독재자 전두환을 찬양하고부터다. 조선일보는 전두환 신군부에 적극적으로 영합하면서 동아일보를 누르고 최대 신문사가 되었다.

〈왼쪽 방우영, 오른쪽 전두환. 사진: 뉴스타파〉

> “당시 조선일보 사장이던 방우영은 전두환이 집권을 위해 만든 초법적 통치기구인 국가보위비상대책위원회에 입법위원으로 참여하며 노골적으로 결탁했을 정도였으며, 특히 전두환이 집권을 눈앞에 두었던 시기인 8월 23일에는 그 유명한 ‘인간 전두환 - 육사의 혼이 키워낸 신념과 의지와 행동’이라는 용비어천가급 특집기사를 쓰며 전두환에 대한 우상화 작업에 전력을 쏟았다.”
>
> \- 나무위키

조선일보가 1980년대에 급격하게 성장하게 된 배경에는 언론통폐합이 있다.

"당시 조선일보의 주요 경쟁지인 동아일보와 중앙일보는 방송사인 동아방송과 동양방송을 KBS에게 강제로 헌납했고 한국일보 역시 자매지인 서울경제신문의 사업을 접어야하는 등 모두 언론 통폐합으로 엄청난 재산을 뺏긴 반면, 조선일보는 일부 개혁 성향의 기자들만 해직시키는 선에서 처리했고, 전두환 정부에 깊이 참여하는 등 5공과 지속적 동반자 관계를 형성해 압도적으로 유리한 고지를 점할 수 있었기 때문이다."

〈왼쪽 방우영, 오른쪽 김영삼〉

"조선일보는 1987년 민주화 이후부터는 김대중을 적극적으로 비토해서 '反DJ 정서'를 고착시키는 한편, 1990년 3당 합당과 1992년 제14대 대통령 선거 국면에서 김영삼을 적극적으로 편들어 준 뒤, 김영삼이 대통령으로 당선됨으로써 매체 영향력을 입증하며 승승장구했다. 특히 당시 조선일보의 논조는 제14대 대통령 선거 직전에 터진 초원복집 사건 관련 보도 사례에서 단적으로 드러나기도 했다. 심지어 정치 권력을 옹립하는 기능으로써의 거대 언론 권력이 최초로 부각된 사례가 김영삼 정부와 조선일보의 결탁이었다는 분석이 이후 언론학계에서 나올 정도였다. 이 덕분인지 1992년 12월, 제14대 대통령 선거에서 승리한 김영삼 대통령 당선자는 대통령 선거에서 당선된 바로 다음날 서울 흑석동에 있는 조선일보 방우영 회장의 집을 방문하여 만찬을 함께 하기도 했다. 당시 조선일보가 가졌던 막강한 권력을 보여준 단적인 장면이었다."

- 나무위키

그러나 인터넷이 발달하고 시민들의 민주의식이 고양되자 조선일보는 차츰 영향력이 줄어들었고, 대신 TV조선이라는 종편을 설립해 우파 전문 방송으로 자리 잡았다. 조선일보는 〈월간조선〉 등 자사 계열 여러 잡지도 발행하고 있다.

CONNECTION

조선일보의 친일 행각 1

조선일보의 친일행각은 너무 많아 다 열거하기도 힘들다. 일제 강점기 조선일보는 노골적으로 '천황폐하만세' 기사를 싣고, 조선 청년들을 전쟁터로 나가도록 독려했으며, 일제에 군수물자까지 사주었다. 관련 증거는 차고 넘친다.

朝鮮日報

天皇陛下의 御威德

夙夜御政務御軍務에御精

人間 全斗煥

私에 앞서公 나보다 國家 앞세워

自身에게 엄격하고 責任 회피 안해

利害 관계 얽매이지 않고

남에게주기좋아하는성격

운동이면 못하는것 없고

生徒시절엔 축구부 주장

〈일제와 전두환 찬양한 조선일보. 사진: 다음 카페〉

당시 조선일보 기사에 실린 헤드라인만 봐도 조선일보가 얼마나 일제에 아첨했는지 여실히 알 수 있다.

“한일합방은 조선의 행복 위한 조약”

“천황폐하께 조선 출신 범인(犯人) 이봉창이 폭탄 던졌으나 무사히 환궁하시었다”

“광주학생운동은 조선의 불행”

“한일합방은 조선의 행복과 동양의 평화 위해 체결한 조약”

“데라우찌 총독은 조선의 대근원 기초한 위대한 창업공신”

“일제의 30년 조선통치로 〈문화조선 건설〉 결실”

“조선사상범 보호관찰령 잘 운용해야 항일운동 근절 가능”

“일본육군지원병제도는 조선통치사의 신기원이자 성스러운 일”

조선일보가 발행한 잡지 〈조광〉에는 “내선일제(內鮮一體) 구현으로 민족 융합의 이상적 경지로 맥진(驀進) – 이는 모두 천황의 존엄스런 위세 때문인 동시에 팔굉일우(八紘一宇) 대건국정신(大建國精神)의 발로.”라 쓰여 있다. 일제가 ‘대동아공영권’을 주창하자 이를 선전하고 나선 것이다.

〈사진: 한겨레 신문〉

광주학생운동을 테러로 매도

조선일보는 3.1운동 이후 최대의 독립운동인 광주학생운동을 다음과 같은 기사로 매도하였다.

> "광주학생사건에서 발단이 된 학생시위사건이 전 조선에 확대된 오늘날에 있어 제군이 비상(非常)을 버리고 평상(平常)에 돌아와 고요한 책상 앞에 용기 있게 돌아오는 것은 당연하다 …… 허다한 불만과 실망 속에 이토록 확대된 것은 학생들의 불행이자 조선의 불행이었다."
>
> - 1930년 1월 12일 자 사설
>
> 〈동요 중의 학생제군 - 책상 앞으로 돌아가라〉

광주학생운동은 기차에서 일본인 남학생이 우리 여학생을 희롱하자 우리 남학생들이 일본인 남학생을 혼내 준 것에서 발단이 되었다. 경찰이 우리 남학생만 처벌하자 광주의 모든 중고등학교 학생들이 거리로 나섰고, 그 불길이 전국으로 번진 반일학생운동이었던 것이다.

그러나 조선일보는 학생들의 항일투쟁을 '비정상적이고 불행한 일'로 표현했다. 조선일보의 눈에는 조국의 현실이야 어쨌든 학생들이 학교에서 공부나 하길 바랐던 것이다.

이봉창 의사의 의거보다 천황폐하 안위 걱정

임시정부의 활동이 미진하자 백범 김구는 '한인애국단'을 조직하여 이봉창을 일본에 파견하였다. 이봉창 의사가 폭탄을 던져 일본군 다수를 죽이는 사건이 벌어지자 조선일보는 다음과 같은 기사를 내보냈다.

〈한인 애국단. 사진: 민족문제연구소〉

"천황폐하께옵서 육군관병식 행사를 마치고 돌아오시는 길에 앵전문앞에 이르렀을 때 사고가 발생하였다 …… 전방 약 18간에 수류탄과 같은 물건을 던진 자가 있어서 궁내대신 마차의 좌후부 바퀴 부근에 떨어지어 차체 바닥에 엄지손가락만 한 손상 두셋을 나게 하였으나 천황의 마차에는 이상이 없어 오전 11시 50분에 무사히 궁성으로 돌아오시었다. 범인은 …… 조선 경성생 이봉창(32)."

- 1932년 1월 10일 자 기사
〈천황 폐하 환행도중 돌연 폭탄을 투척〉

조국의 독립을 위해 일본까지 가서 폭탄을 던진 이봉창 의사의 의거를 '태러'로 규정한 조선일보다.

〈윤봉길 의사. 사진: 민족문제연구소〉

한편 중국에서는 역시 한인 애국단 소속인 윤봉길 의사가 일본군 다수를 죽였다. 이 두 사건으로 장개석은 임시정부를 지원하기 시작했고, 그 후 중국 관내에서 독립운동이 활발하게 전개되는 기폭제가 되었다. 그 후 임시정부에는 정식으로 군대가 생겼고, 나중에 서울진공작전을 계획하였으나, 일제가 항복한 바람에 미수에 그쳤다.

〈사진: 민족문제연구소〉

조선사상범 보호관찰령 미화

조선일보는 그것도 모자라 독립운동을 하는 사람들을 때려잡는'조선사상범 보호관찰령'에 대해 다음과 같이 보도했다.

> "조선사상범 보호관찰령은 사회개조를 목적으로 한 사상범을 대상으로 하는 법령인 만큼 사회적 의의가 크다고 할 것이다 …… 운용을 잘못하면 점차 몰락의 길을 걸어가는 사상운동에 도발적 반동기운을 조장할 수도 있다는 점을 충분히 인식할 필요가 있으리라고 사유한다."
>
> \- 1936년 12월 13일 자 사설 〈조선사상범 보호관찰령〉

즉 조선일보는 독립운동을 하는 사람들을 때려잡는 이 법을 칭송하고 나선 것이다.

일제에 충성하고 조선인을 천황의 신민으로 표기

조선일보는 새해 첫 신문에 일왕의 부부 사진을 싣고 일본군을 '아군' 혹은 '황군'으로 표기한 했다. 또한 조선일보는 일본군이 저지른 전쟁에 헌금을 내라고 노골적으로 독려했다. 조선일보는 조선인을 '천황의 신민(臣民)'으로 표기했다. (1937년 8월 23일 자)

〈히로히토 가족. 사진: 민족문제연구소〉

또한 조선일보는 조선 침략의 원흉인 히로히토의 생일을 맞이해 다음과 같은 기사를 올렸다.

"춘풍(春風)이 태탕하고 만화(萬花)가 방창(方暢)한 이 시절에 다시 한번 천장가절(天長佳節)을 맞이함은 억조신서(億兆臣庶)가 경축하지 않고는 견디지 못할 바이다. 성상폐하께옵서 옥체가 유강하시다니 실로 성황성공(誠惶誠恐) 동경동하(同慶同賀)할 바이다. 일년일도 이 반가운 날을 맞이할 때마다 우리는 홍원(鴻遠)한 은(恩)과 광대 (廣大)한 인(仁)에 새로운 감격과 경행이 깊어짐을 깨달을 수 있다. 뿐만 아니라 적성봉공(赤誠奉公) 충(忠)과 의(義)를 다하야 일념보국(一念報國)의 확고한 결심을 금할 수가 없는 것이다."

- 1939년 4월 29일 자 사설 〈봉축 천장절〉

이와 같이 조선일보는 조선의 신문이 아니라, 일제에서 발행하는 신문보다 더 일제에 교언영색(巧言令色)했다. 이러한 충성서약은 매년 반복되었다. 또한 조선일보는 내선일체를 미화하고 조선청년들을 동원하는 기사를 다반사로 올렸다.

"황국의 위무선양(威武宣揚)과 동양평화를 양 어깨에 짊어지고 제일선에 선 출정장병으로 하여금 안심과 용기를 가지고 신명을 다하게 하는 데는 총후에 선 일반국민의 정신적 물질적 후원이 절대로 필요한 것이다."

- 1937년 8월 12일 자 사설

일제가 1937년 중일전쟁을 일으키자 조선일보는 조선 민중이 모두 나서라고 독려하며 '친일보국' 운운하였다. 조선일보는 내선일체의 목적을 "조선 민중을 상대로 한 국민으로서의 신념상 의무, 권리의 동등을 전제로 한 일본과 조선 두 민족의 동족적 친화감을 깊게 하려 함에 있다."라고 왜곡했다.

CHOSUN DAILY LA

일본제품 불매운동? "그건 해법 아니다"

〈사진: 비디어비평〉

조선일보는 그 역사와 전통(?)을 이어받아 문재인 정부 때 일본이 경제 보복을 가해와도 일본 편을 들며 우리 국민들이 전개한 '노재팬'운동을 나무랐다. 심지어 조선일보는 일본어판 신문 헤드라인까지 바꿔 일본 극우들을 기쁘게 했다.

그러나 우리 정부는 일본의 경제보복에도 불구하고 소부장을 독립했고, 그 바람에 일본 기업들이 도산한 바람에 아베 일본 수상이 몸에

병까지 얻었다는 후문이다. 그 아베는 얼마 전 일본 자위대 장교 출신에게 피격당해 죽었다.

〈사진: 다음 카페〉

경제보복으로 한일위안부와 강제 징용을 정당화하려던 아베의 계획은 처절하게 실패로 끝났고, 한국은 소부장을 대부분 독립해 만들었다. 아베의 외조부 기시 노부스케가 바로 2차 대전 전범이자, 일제 강점기 박정희의 스승이다. 그의 주도로 한일협정도 맺어졌다.

CONNECTION

조선일보의 친일 행각 2

조선일보가 창간된 지 올해로 102년이 되는데, 자신들은 '1등 신문'이라며 자랑하지만 대다수 국민들은 거기에 동의하지 않는다. 오히려 '친일매국신문'으로 평가받았고, 조선일보 폐간 운동을 하는 시민단체도 많다.

〈사진: 인터넷 커뮤니티〉

신뢰도 조사에서 조선일보는 항상 하위권이다. 그 이유는 과거 친일 행적에 온갖 가짜뉴스로 선거 때마다 개입하기 때문이다. 조선일보는 심지어 일본이 우리에게 경제보복을 해와도 일본보다 문재인 정부 먼저 비판했다. 그 점은 윤석열도 마찬가지다. 일제 강점기에는 일제와 몸을 섞고, 독재시대에는 독재자와 한 몸이 된 곳이 바로 조선일보다.

방응모로 시작된 조선일보의 역사는 친일 부역의 역사이며 독재자 옹호의 역사였다. 한 신문사가 방응모–방일영–방우영–방상훈으로 4대까지 이어진 것도 조선일보가 방씨 일가의 제국이었다는 것을 말해준다.

조선일보 일가는 조선일보의 친일 행각을 부인하지만 법원도 이를 인정한 적이 있다. '자주시보'에 나온 다음 기사를 보자.

> "2009년 6월, 친일반민족행위진상규명위원회는 방응모에 대해 ▲ 자신이 운영하던 잡지 '조광(1935년 10월, 방응모가 창간한 조선일보 자매지)'에 침략전쟁에 동조하는 글을 게재한 점 ▲ 일제에 군수품을 납품한 '조선항공공업'의 발기인·감사를 지낸 점 ▲ 조선총독부 관변단체인 '국민정신총동원조선연맹'에서 발기인·평의원으로 활동한 점 등 3가지를 친일행위로 결정했다.
>
> 이에 방씨 일가가 2010년 1월, 결정을 취소하라며 소송을 제기했다. 1심은 방응모에 대해 잡지 발행과 주요 간부로서 적극 협력한 부분을 친일행위로 규정했고, 군수품 제조업체 운영을 통한 친일

은 인정하지 않았다. 2심은 잡지 발행과 군수품 제조업체 설립을 친일로 판단했다."

- 자주시보

1933년 12월 24일 자 조선일보엔 '황태자 전하의 어탄생'이란 기사가 있고, 일본 왕실 찬양 기사는 셀 수 없을 정도로 수두룩하다. '민족문제연구소는 방응모가 조선일보 인수 직후인 1933년 일본군에 고사포를 기증했다는 기록이 있다.'고 주장했다.

"1933년 4월 15일 작성된 일본 육군성 정무차관실 문서에 따르면, 조선과 중국에 거주하던 은행장과 기업가, 현역 장성 등이 '3년식 기관총' 21개와 고사포 등을 일제에 헌납한 사실이 있다. '국방헌납 병기 수령에 관한 건'이라는 제목의 문서에는 기관총과 고사포 등을 헌납한 20여 명의 명단 가운데 방응모가 포함돼 있다."

- 자주시보

민족문제연구소는 방응모가 수많은 친일 단체에 적극 가입했다고 밝혔는데, 그 내용은 다음과 같다.

▲ 1937년 5월 조선문예회 회원

▲ 1937년 8월 애국금차회 발기인

▲ 1938년 7월 7일 국민정신총동원조선연맹 발기인

▲ 1940년 국민총력조선연맹의 참사

▲ 1941년 조선임전보국단 이사

▲ 1944년 9월 조선항공공업회사 자본출자·중역 등으로 활동했다.

방응모는 친일 단체 가입뿐만 아니라 각종 강연과 글을 통해서 일제를 찬양했다. 1937년 2월 원산 순회강연에서 방응모는 다음과 같이 말했다.

> "조선일보는 다른 어떤 신문도 따라오지 못하는 확고한 신념에서 비국민적 행위를 단연 배격해 종국까지 조선일보사가 정한 방침에 한뜻으로 매진한다."

여기서 비국민적 행위란 일제에 반하는 행위를 의미한다. 즉 일제에 저항하지 말라는 얘기다.

1940년 조선일보가 폐간당하자 방응모는 월간지 조광 발행인으로 취임해 친일 행위를 이어갔다. 방응모는 1940년 11월 '조광' 머리말에서 "국민된 자로서 누구나 실로 최후의 각오"를 하지 않으면 안 된다고 했다.

〈조선일보가 발행한 월간 조광〉

또한 방응모는 태평양전쟁 개전 소식을 들은 뒤 감상을 적은 1942년 2월 호 글에서 영국과 미국을 "동양의 원구자, 동양 전체의 죄인"으로 칭하며 "대동아전쟁은 그들에게 동양을 이탈해 세계 평화를 도모하려는 것"이라고 주장했다.
방응모는 1943년 11월 '출전학도 격려대회'를 주최해 일본 전쟁터에 끌려 나가는 학도병들을 격려하기도 했다.

1940년 8월 11일 조선일보는 일시적으로 폐간된 적이 있다. 그러나 조선일보는 폐간된 후 더욱 노골적으로 친일의 길을 걸었다. 당시 조선일보의 폐간사에는 이런 글이 실려 있었다.

"동아 신질서 건설의 성업을 성취하는데 만의 일이라도 협력하고

저 숙야분려(夙夜奮勵)한 것은 사회 일반이 주지하는 사실이다."

이 말은 조선일보가 항일을 해서 폐간된 게 아니란 걸 방증해 준다. 그럼에도 불구하고 후손들은 당시 조선일보가 일제에 강력히 저항해 폐간되었다고 주장하고 있다. 숙야분려(夙夜奮勵)란, 이른 아침부터 밤늦게까지 최선을 하고 고민했다는 뜻인데, 이는 조선일보가 일제에 충성을 다했다는 뜻이기도 하다.

당시 조선일보 사장 방응모는 월간지 〈조광〉에 다음과 같은 글을 기고했다.

> "자유주의 개인주의를 지양하고 일로 전체주의적인 방향으로 향하여 국책에 따라 시국을 인식시키는 데 일단의 노력을 다할 것을 다짐한다."

방응모는 일제의 조선 통치 30년을 맞이해 다음과 같은 글을 기고했다.

> "일한 양국은 양국의 행복과 동양 영원의 평화를 위하여 양국 병합의 조약을 체결……데라우찌 총독은 조선통치의 대본(大本)을 정(定)하여 창업의 토대를 쌓은 위대한 공적을 남겼거니와…… 30년 동안 7대에 이르는 총독들은 그 시대의 요구와 필요에 따라

특색 있는 정책을 실시하여 그 결과는 오늘날과 같은 문화조선 건설을 결실……2천 3백만 반도 민중은 한결같이 내선일체를 실천해 황국신민 된 책임을 다하지 않으면 안 될 것은 물론이거니와 특히 사려 깊은 시정(한일합방을 말함) 30주년을 맞이하여 각각 자기의 시국인식을 반성하고 시국의 장래를 투명하게 관찰하여 일층 각오를 굳게 하고 또 일단의 노력을 더하여 그 영예를 선양하도록 힘써야 할 것이다."

- 〈조광〉 1940년 10월 호

〈조광〉은 1940년 10월 호에서 일제의 조선 병탄(경술국치) 30년을 이렇게 옹호했다. "… 회고하건대 지금부터 만 30년 전 전 동아의 정국은 난마와 같이 흩어져 구한국의 운명이 위급존망의 추(秋)에 당하였던 명치 43년 8월 22일 일한 양국은 드디어 양국의 행복과 동양 영원의 평화를 위하여 양국 병합의 조약을 체결하고 그달 29일부터 이것을 공표 실시하였다 … 데라우치(寺內) 총독은 조선통치의 대본(大本)을 정하여 창업의 토대를 쌓은 위대한 공적을 남겼거니와 현 미나미 총독에 이르기까지 만 30년간 … 오늘날과 같은 문화조선 건설을 결실시켰다."라고 일본의 식민통치를 미화했다.

방응모는 1940년 11월 〈조광〉 제6권 11호에 '사장 방응모'라고 명기한 권두언을 싣고 "… 지나에서 사변이 발발한 이래 우리는 시국인식 철저화에도 미력을 다하여 왔습니다. … 국민 된 자로서는 누구나 실로 최후의 각오를 하지 않으면 안 될 때를 당하였습니다. 안으로는 신체제의 확립, 밖으로는 혁신 외교정책을 강행하여 하루 바삐 동양신질서 건설을 완성시켜 세계의 신질서를 건설하고 한 걸음 나아가서 세계영구평화를 기도하지 않으면 안 되게 되었습니다. 국민은 모름지기 이 선에 따라 행동하고 생활하고 하지 않으면 안 됩니다."라고 하면서 이른바 침략전쟁에 의한 '동양신질서' 건설을 계속 옹호했다.

방응모는 〈조광〉 1942년 2월 호에 "대동아전쟁과 우리의 결의"라는 제목 아래 '타도 동양의 원구자(怨仇者)'라는 글을 자신의 이름으로 실었다. '원구자'는 '원수'라는 뜻이다. 그는 "… 이미 선전포고가 내렸고 그 서전(緒戰)에 있어 그들이 항상 자랑하던 미국 태평양함대가 황군의 기습작전 일격 아래 박멸되었다는 보도를 보고 그 순간 나는 실로 한없이 감격하는 동시에 통쾌하다는 느낌을 금할 수 없었다."고 썼다. 태평양함대 기습작전이란 일본의 진주만 공격을 말한다. 또한 이 잡지는 사설에서 "내 손으로 지은 쌀을 내 마음대로 소비하고 처분할 수 있는 것이 구체제라면 내 손으로 지은 쌀, 내 자본으로 만든 물건을 모두 들어 나라에 바치고 그 처분을 바라는 것이 신체제요, 총력운동이요, 또 신절을 다하는 소이이기도 하다. …"라고 주장했다.

〈조광〉은 진주만 공격 1주년을 맞아 1942년 12월 호에 '12월 8일과 우리의 각오'라는 글을 싣고 "작년 12월 8일 미영 격멸의 대조(大詔)를 봉배(奉拜)한 지 1년, 1억 국민은 황군의 혁혁한 전과에 감격하여 일로 성전 완수에 매진하게 되었다."면서 "반도는 불원에 징병제가 실시되어 장병들은 모두 영예의 군문으로 가겠지만 다수한 총후의 인(人)은 생산전에서 제일선과 똑같은 전쟁을 하여야 한다."고 모든 국민이 전쟁을 수행해야 한다고 썼다.

〈조광〉은 1943년 6월 호의 "해군지원병제 실시와 반도 청년의 영예"에서 "… 대(對) 미영전쟁이 진행하는 가운데 태평양을 중심으로 치열한 결전이 계속되는 중에 반도에 해군지원병제가 실시된 것은 그 의의가 중대한 바이다. … 이제 반도인도 황국 해군의 일원으로 동아 10억 인을 대표하여 태평양의 수호자가 된다는 것은 저대(著大)한 감격에 잠기는 바이다."라고 썼다. 조선의 청년들이 강제로 전쟁에 끌려가게 되자 온 나라 안의 기차역에서는 '무운 장구'라고 쓴 어깨띠를 걸어주며 부모형제들이 눈물을 쏟아 이를 보는 이들의 마음을 아프게 했는데, 이 기사와 너무 대조적이다.

〈조광〉은 1944년 8월 호에서 조선의 일본어 해독률 36%는 대만의 일본어 해독자 6할에 비하면 훨씬 뒤떨어진 것이라 개탄하고, 일본정신 체득을 위해서 국어(일본어)가 각 가정에까지 침투되도록 전 사회적으로 일대운동을 전개해야 한다고 주장했다.

국민정신총동원 조선일보사 연맹을 결성

조선일보는 '국민정신총동원 조선연맹(정동연맹)이 결성될 때 사장 방응모 등이 발기인 및 역원(임원)으로 참여하는 한편 조선일보 자체도 1939년 2월 11일 '국민정신총동원 조선일보사 연맹'을 조직하여 '정동연맹'에 가입했다. 조선일보는 1939년 4월 1일 자 사보에서 "본사에서는 이월 삼십일의 기원가절(일본 건국기념일)을 기해 오전 십 시 본사 대상당에서 기원절 축하식에 뒤이어 국민정신총동원 조선일보사 연맹의 결성식을 거행했다.

친일 동원행사 여러 번 주최

조선일보는 일본제국주의 정책에 협력하기 위해 조선 민중을 침략전쟁에 내몰기 위한 각종 친일 동원행사를 여러 번 주최했다.

조선일보는 1939년 3월 9일 소위 일본 '육군기념일'(3월 10일)을 맞아 용산에 주둔한 일본군 병영을 방문하는 견학단을 모집하고 남녀 각

100명을 방문케 했다. 이는 조선의 젊은이들을 침략전쟁에 동원하기 위해서였다. 조선일보는 1940년 5월 28일에도 '해군기념일'을 맞아 인천항에 입항한 해군 군함을 관람시키기 위해 견학단을 모집했다. 이 모임에도 남녀 각 100명이 참가했다. (이상 '자유언론실천재단' 글 참고)

〈자유언론실천재단 후원의 밤〉

자유언론실천재단(freemediaf@gmail.com): 1974년 10월 24일 동아투위의 '자유언론실천선언' 정신을 계승하기 위해 만든 단체로 동아투위, 조선투위, 80년 해직언론인 및 언론운동에 헌신했던 사람들이 회원으로 있다. 해직 언론인 진상규명 및 지원 사업, 기념사업, 학술연구사업, 교육출판 사업, 자유언론상 시상을 주요 사업으로 하고 있다.

CONNECTION

조선일보와 박정희

우리 역사에서 박정희만큼 호불호가 엇갈리는 인물도 드물 것이다. 어떤 사람은 가난에서 벗어나게 한 산업의 아버지라 칭송하고, 어떤 사람은 민주주의를 짓밟은 독재자라 혹평한다. 무엇이 진실인가는 각자의 인생관과 역사관에 따라 달라질 것이다.

〈사진: 민족문제연구소〉

그런데 우리는 박정희에 대해서 제대로 알기라도 한 걸까? 주변 사람들에게 박정희에 대해 설명하면 "박정희가 그런 사람이었어?" 하고 깜짝 놀라는 사람이 의외로 많다. 그저 교과서에서 배운 박정희만 알고 있는 탓이다.

역사는 승자의 기록이므로 광복 후 수구들이 대부분 집권한 한국은 역사도 수구들의 입맛에 따라 왜곡될 수밖에 없었다.

"박정희가 남로당에 가입한 원조 빨갱이에다 독립군 때려잡는 간도특설대 출신이라고?"

언젠가 노인들 앞에서 박정희에 대해 설명하다가 맞아 죽을 뻔한 일이 있었다. 박정희를 근대화의 아버지로 여긴 노인들은 분노하며 당장 꺼지라고 고함까지 쳤다.

"여길 보세요."

필자가 관련 자료를 보여 주며 설명을 했지만 노인들은 그 자료가 가짜라며 분노를 표했다. 그때서야 필자는 언론과 교실 안의 역사 교육이 얼마나 잘못되었는지 실감했다. 허위 사실도 아니고 역사적 사실을 가지고 그 증거 자료를 보여 주며 설명했지만, 노인들의 박정희에 대한 '확증편향'은 변하지 않았다. 대선 때 그들 상당수가 보수 후보를 찍은 것은 결코 우연이 아닌 것이다.

〈사진: 다음 카페〉

"저도 알아요."

반면에 중고등학생들에게 관련 자료를 보여 주며 박정희에 대해 설명하면 학교에서도 들었다는 말을 곧잘 했다. 전교조가 활성화된 후부터 역사도 교실 밖에서 이루어진 탓이다. 역사 교사 중에는 기존 교과서가 아니라 대안 교과서를 만들어 강의하는 사람도 있다.

"그런데 남로당이 뭐예요?"

필자가 학생들에게 박정희가 한때 남로당에 가입했다고 하자 학생 중 한 명이 물었다. 그렇구나, 필자는 학생들에게 남로당에 관해 설명해 주었다. 다음백과엔 '남로당'에 대해 다음과 같이 설명되어 있다.

"남조선노동당(南朝鮮勞動黨)은 해방정국에 결성되었던 좌익 계열 정당. 약칭인 '남로당'으로 잘 알려져 있다. 1946년 11월 박헌영 계열이 중심이 되어 남한 지역 좌익진영의 통합을 강화할 목적으로 결성되었다. 민주주의 자주독립국가 건설, 무상몰수·무상분배의 토지개혁, 8시간 노동제와 사회보장제 실시, 주요산업의 국유화, 언론·출판·집회·결사·시위·신앙의 자유, 20세 이상의 국민에게 선거권과 피선거권 부여, 남녀동등권, 초등의무교육제 실시, 진보적 세금제 실시, 민족군대 조직과 의무병제 실시 등을 주장했다. 군정과 대한민국 정부의 좌익 탄압과 토벌을 통해 세력이 약화되었으며, 일부는 무장투쟁을 벌였으나 1950년 6·25전쟁을 거치면서 완전히 붕괴되었다."

- 다음 백과

그러니까 남로당은 당시 보수들에겐 '빨갱이'로 요즘 같으면 좌익 세력이다. 그런데 반공투사로 알려진 박정희가 남로당에 가입했다는 사실을 알고 있는 사람은 그리 많지 않다. 그런 박정희가 나중에 김대중을 "빨갱이"라며 색깔론을 펴 제거하려 했으니 역사적 아이러니가 아닐 수 없다.

〈김대중 납치 사건. 사진: KBS 역사저널〉

김대중은 생애 다섯 번 죽을 고비를 겪었다. 지금도 일부 지역 노인들은 김대중 대통령을 빨갱이로 부른다. 하지만 김대중 대통령은 보수층마저 인정하는 역대 가장 훌륭한 대통령으로 칭송받고 있다. 하지만 상대를 종복으로 몰아 제거하려는 음모는 지금도 계속되고 있다. 북한에 돈을 주고 총을 쏴 달라고 한 세력은 정작 보수당인 한나라당이었다.

남로당은 광복 후 한국에서 만들어졌던 좌익 계열 정당이지만 나중에 북한으로 간 박헌영 주도로 결성되어 '빨갱이' 소리를 들어야 했다. 같은 시기 북한에서는 김일성 주도로 북조선노동당과 세력 다툼을 했다.

"남로당은 1946년 '9월 총파업'과 '10월 대구폭동사건', 1947년의

'3·1절 충돌사건', 1948년의 '2·7총선 방해투쟁', '제주4·3사건', '여수·순천사건', 1949년의 '국회프락치사건' 등의 사건을 거치면서 세력이 급격히 약화되었고, 간부들은 북한으로 넘어가서 북조선 노동당에 흡수되는 양상을 보였다. 1950년 이후 남로당 조직은 거의 붕괴되었고, 전쟁이 끝난 후 주요 간부들은 북한에서 간첩 혐의로 처형되었다."

- 다음백과

남로당 활동을 하다가 적발되어 위기에 처한 박정희를 구해 준 사람이 바로 백선엽이다. 백선엽을 흔히 6.25의 영웅으로 칭송하지만 그의 전력도 박정희 못지않다. 박정희와 백선엽은 모두 만주 군관 학교, 일본 육사, 그리고 독립군을 때려잡는 '간도특설대' 출신이다. 이들이 6.25를 기화로 반공투사로 변신했던 것이다.

〈간도특설대의 잔인함. 사진: 역사 카페〉

"간도특설대(間島特設隊)는 '일제 강점기 만주국이 동북항일연군 팔로군 등 항일 독립군 조직을 토벌하기 위해 1938년 조선인 중심으로 조직한 부대다. 당시 항일 독립군의 활약으로 곤경에 빠지자 친일파 이범익이 '조선 독립군은 조선인이 다스려야 한다'며 설립을 주도했고 대부분 조선인으로 채워졌다. 간도특설대는 독립군 탄압은 물론 민간인 학살과 약탈, 고문, 강간으로 악명이 높고 활동이 특히 악랄해 소속 장교는 물론 사병까지 전원 친일인명사전에 등재돼 있다. 하지만 광복 이후 한국에서 친일청산작업이 실패한 탓에 일본군과 만주군 출신 군인들이 그대로 군국지도부가 되었고 간도특설대 출신들이 게릴라전 경험을 바탕으로 한국전쟁과 빨치산 토벌에 많은 역할을 했다."

- 다음 백과

조선인이 조선인을 때려잡은 것으로 유명한 간도특설대에 박정희와 백선엽이 소속되어 있었다는 것은 가히 충격적인 일이다. 간도특설대의 잔인함은 필설로 다 형용하기 어렵다. 이 소설 같은 일이 1930~1940년대에 만주벌판에서 실제 펼쳐졌다. 그 중심에 박정희가 있었다. 그런 그가 일본 육사를 졸업하고 6.25가 일어나자 반공투사로 변신했던 것이다.

간도특설대의 진압이 얼마나 무자비했는지 역사학자 필립 조웰은 "일본군의 만주점령 기간 중에 간도특설대는 잔악한 악명을 얻었으며, 그들이 점령한 광범위한 지역을 황폐화시켰다."고 평가했다.

〈사진: 역사 카페〉

간도특설대에 소속된 사람들은 나중에 자신의 행적을 속이기 위해 이름을 바꾸기도 했다. 가장 유명한 인사가 육군참모총장을 지낸 백선엽이다.

〈사진: MBC 방송 캡쳐〉

백선엽은 자신이 간도특설대가 아니라고 주장하다가 죽기 전에 일본에서 일어판으로 발간한 《대게릴라전 – 미국은 왜 졌는가》에서 다음과 같은 구차한 변명을 늘어놓았다.

> "게릴라 가운데 조선인이 많이 섞여 있었다. 주의·주장에 차이가 있다고 해도, 한국인이 독립을 요구하며 싸우고 있는 한국인을 토벌한 것이기 때문에 오랑캐로 오랑캐를 제압하려는 일본의 책략에 그대로 끼인 모양이 된다. 그러나 우리가 진지하게 토벌했기 때문에 한국의 독립이 늦어진 것도 아닐 것이고, 우리들이 역으로 게릴라가 되어 싸웠으면 독립이 빨라졌으리라는 것도 있을 수 없다. 그래도 동포에게 총을 겨눈 것은 사실이고 비판받아도 할 수 없다. 그러나 게릴라전이 전개된 지역의 참상을 알게 되면 문제가 그렇게 단순하지 않다는 것이 이해될 것이다."
>
> - 백선엽 회고록 중

《친일인명사전》은 일본군에 복무해도 소좌 이상만 등재했지만, 간도특설대는 '독립군 말살'이란 악랄한 임무 때문에 장교는 물론 사병까지 전원 등재했다.

> "1948년 8월 대한민국 정부가 수립되고, 남로당 무장 세력에 대한 토벌이 강화되자, 대부분의 남로당 간부들은 북한으로 도피했

다. 남로당과 북로당은 연합을 위한 연합중앙위원회를 설치하고, 1949년 6월에는 합당하여 조선노동당이 되었는데, 실질적으로는 남로당 세력이 북로당 세력에 흡수되는 양상을 보였다. 이에 따라 북로당의 부위원장이던 김일성이 통합된 조선노동당의 위원장이 되면서, 남로당 출신 인물들의 주도권은 완전히 상실되었고, 결국 남로당 조직은 1950년 6·25전쟁을 거치면서 완전히 붕괴되었다. 대부분의 남로당 출신 간부들은 1953년 8월과 1955년 12월 열린 특별군사재판에서 간첩과 이적 혐의로 사형을 언도받고 처형되었다."

- 다음백과

한편, 〈말〉지 기자들이 쓴 '박정희 간도특설대 입대 독립군 토벌' 기사에 대해 법원은 무죄를 선고했다. 대법원 제2부(주심 이상훈 대법관)는 사자명예훼손 혐의로 기소된 월간 말지 출신 기자 이 모(38) 씨 등 3명에게 무죄를 선고한 원심을 확정했다.

재판부는 "검사가 제출한 증거만으로는 (잡지에 게재한) 글 내용이 허위임을 인식했다고 단정할 수 없어 무죄를 선고한 원심은 정당하다."라고 밝혔다.

이 씨 등은 2005년 5~7월 '박정희가 1939년 당시 만주간도 조선인특설부대에 입대해 항일군을 토벌했다'는 취지의 작가 류연산 씨의 글 등을 역사적 사실인 것처럼 잡지에 게재했다고, 박근혜 등 박정희 유족들이 고소해서 사자(死者)의 명예를 훼손한 혐의로 기소됐다.

1·2심 재판부도 "박 전 대통령의 친일행적 여부에 관한 논란이 있고 특설부대에 근무했는지도 한국현대사의 쟁점 중 하나로 보이는 점 등을 고려할 때 해당 글이 허위임을 인식했다고 단정할 수 없다."며 무죄를 선고했었다.

이렇듯 보수층이 영웅으로 모시는 박정희와 백선엽의 사상의 뿌리가 친일에 있음을 알 수 있다. 두 사람이 그 후 반공투사로 변신해 활약한 것은 따로 평가해야 할 일이다. 하지만 그들이 온전한 애국자라 보기는 어렵다. 그 후예들이 한국 현대사를 지배했기 때문이다.

〈사진: 진실의 길〉

박정희와 조선일보는 실과 바늘 관계로 서로 밀어주고 당겨주며 이익을 나누었고, 그 전통은 박정희의 딸 박근혜까지 이어졌다.

CONNECTION

박정희의 친일 행각

박정희가 만주군관학교를 거쳐 일본 육사에 간 것은 여러 근거와 증언으로 사실임을 알 수 있다. 그러나 박정희가 간도특설대에서 근무했다는 서류상의 증거는 아직 나오지 않고 있다. 하지만 당시 간도특설대에서 박정희를 보았다는 다수의 증언이 나오고 있다. 일제의 기록물이나 사진 같은 게 나오면 더 이상 반박을 못 할 텐데 박정희 집권 기간 중 그런 기록들이 남아 있을 리 없다. 박정희가 어디 출신이든 중요한 것은 그가 어떤 친일 행각을 했는지를 밝히는 일이다.

〈박정희와 박근혜. 사진: 다음 카페〉

지금까지 공개된 수많은 증언을 바탕으로 박정희의 친일 행각을 대표적인 것만 몇 개 소개한다. 다음은 〈말〉지에 실린 글이다.

"박정희의 천황폐하에 대한 충성심은 일본인보다 훨씬 더 일본인다웠다. 1961년 11월 12일 박정희가 5.16쿠데타 직후 국가재건최고회의 의장신분으로 미국 방문길에 일본을 들렀다. 이날 저녁 영빈관에서 박정희가 초대한 만찬회가 열렸는데 이 자리에서 박정희가 만주군관학교에 다닐 때 교장이었던 나구모 신이치로를 만나자 "선생님의 지도와 추천 덕분에 육군사관학교를 나와 여기까지 올 수 있었습니다."라고 말한 뒤 큰절을 하며 술을 따랐다. 박정희가 과거 은사에게 깍듯하게 보은의 술잔을 올리자 동석한 이케다 총리를 비롯한 군국주의자 전원이 기립박수를 보냈다. 이케다는 "박정희가 동양의 예의사상을 갖고 은사를 섬기고 선배를 존중하는 훌륭한 모범을 보여 주었다."고 극찬했다.

〈사진: 아이엠피터〉

이 자리에는 이케다를 비롯한 참석자 전원이 기립박수를 치는 장면이 일본 국영NHK TV방송에 보도되었다. 일본의 식민지배를 받았던 한국의 대통령이 군사쿠데타에 성공하고 자신의 성공이 만주군관학교 일본인 교장 때문이라고 "큰절을 하며 술을 따랐다."는 사실 자체가 대한민국 국민에게는 치욕스러운 역사다.

이 자리에 함께 있었던 이케다를 비롯한 관동군 출신 장교들과 참석자 전원이 기립박수를 보냈다. 이 장면은 일본 국영NHK TV방송에 보도되었다.

나구모 신이치로는 박정희에 대해 "다카키 마사오 생도(박정희)는 태생은 조선인일지 몰라도 천황폐하에 대한 충성심은 일본인보다 훨씬 더 일본인다웠다."라고 박정희를 평가했다.

이날 저녁 만찬회에서 박정희는 만주군관학교 시절 일본관동군 장교들과 동기생들을 만나 회포를 푸는 자리에서 박정희는 유창한 일본말로 "나는 정치도 경제도 모르는 군인이지만 일본 근대화의 아버지인 요시다 쇼인을 가장 존경한다."고 말하자 그 자리에 있었던 일본군국주의극우세력들 조차도 조선침략을 강력하게 주장했던 정한론의 원조로 불리는 요시다 쇼인을 박정희가 존경한다는 말을 듣고 깜짝 놀라면서 즐거워했다.

요시다 쇼인은 수많은 제자들을 길러냈고 대표적으로 이토 히로부미를 비롯한 이노우에 가오루(미쓰이 재벌을 키운 인물) 그리고 군부강경파인 야마가타 아리토모와 지금 일본총리 아베신조의 고조할아버지인 오시마 요시마사는 경복궁을 기습 점령하여 청일전쟁을 승리로 이끈 인물이다. 명성황후를 살해했던 미우라 고로 일본공사 등 무수히 많은 조선침략의 원흉들을 길러냈던 요시다 쇼인을 박정희가 가장 존경한다고 말했다.

〈사진: 아이엠피터〉

박정희는 자신이 일본육사 출신이라는 걸 내세우면서 "강한 군대를 만드는 데에는 일본식 교육이 가장 좋다"며 일본군국주의 정신을 찬양하자. 그 자리에 함께 있었던 일본극우세력들조차도 기쁘면서도 민망한 생각이 들 정도였다고 말했다.

박정희가 과거 청와대에서 술에 취하면 일본군복을 입고 군가를 부르고 일본천황의 '교육헌장'을 줄줄이 암송했던 뼛속까지 일본군국주의 친일분자였다. 중앙일보 1991년 12월 14일 자 보도에 의하면 강창성 당시 보안사령관이 "박정희가 1971. 10유신계엄령 선포 한 달 전에 청와대로 불러서 들어갔더니 박정희는 일본군 장교복장을 하고, 가죽장화에 점퍼차림으로 말채찍을 들고 있었다고 증언하면서, 박정희는 가끔 이런 복장을 하고 말을 타고 즐기면서 만주군관학교 시절을 회상했다."고 증언했다.

1963년 12월 17일 박정희 대통령 취임식에 일본 자민당 부총재 오노 반보쿠가 참석했다. 그때 이 사람이 일본에서 말하기를 "박정희와 나는 부자지간일 정도로 친한 사이다."라고 말하면서, "아들의 경축일을 보러 가는 일은 무엇보다도 즐겁다."라고 말해 큰 파장을 일으키면서 한국인들의 분노를 일으키게 했다. 도대체 한국 대통령 취임식에 가는 외교 사절단이 어떻게 이런 망언을 할 수 있는가! 박정희 정권은 오노 발언은 매우 잘못된 것이라고 강력하게 항의를 했어야 하는데 일본에 대해 일체 언급이 없었고 한국 정부에서 항의 한번 못 하고 방관만 하는 박정희정권에 대해 대학생이나 지식인들은 굴욕적인 저자세라며, 강한 반발을 했다.

그 이후 미국은 기시 노부스케를 앞세워 만주국인맥인 박정희와 굴욕적인 한일회담을 성사시키는데 결정적인 역할을 한 것은 CIA의 공작에 의한 작품이었다. 교수형으로 사라졌어야 할 군국주의 A급 전범자인 기시 노부스케를 미국이 비밀공작원으로 활용해서 일본 총리로 둔갑시켜 미국이 중국과 소련을 견제하기 위한 동북아 군사방위전략에 이용했다."

- 〈말〉지 중에서

〈사진: 아이엠피터〉

이처럼 박정희가 노골적으로 친일 행각을 할 수 있었던 것은 이승만이 친일파 청산을 제대로 하지 못했기 때문이다. 이승만은 행정, 경찰, 군인 주요 간부 80% 이상을 친일파로 채웠다. 그러자 그 후예들이 박정희를 보좌했고, 그 뿌리가 전두환-박근혜-윤석열로 이어진 것이다. 윤석열 정권에도 다수의 '친일 인사'가 포진해 있는 것은 결코 우연이 아니다. 그래서 생긴 말이 '청산하지 않은 역사는 반복된다'는 말이다.

박정희 스승 기시 노부스케

박정희에 대해 제법 안다는 사람들도 2차 대전 전범이자 아베의 외조부인 기시 노부스케가 박정희의 스승이었다는 사실은 잘 모르고 있다.

일제 강점기 박정희는 기시 노부스케를 스승으로 모셨고, 굴욕적인 한일회담도 기시 노부스케의 활약으로 이루어졌다. 일각에서는 기시 노부스케가 그때 미국의 간첩 역할을 했다고 보고 있다.

〈사진: 뉴스타파〉

박정희는 그런 기시 노부스케에게 수교훈장 광화장을 수여했다. 박정희의 딸 박근혜는 기시 노부스케의 외손자 아베와 굴욕적인 한일위안부 합의를 했다. 친일의 뿌리가 대를 이어온 것이다.

그러니까 박정희는 굴욕적인 한일회담으로 개인의 대일 청구권을 말살시키고, 그의 딸인 박근혜는 역시 굴욕적인 한일위안부 합의로 위안부 할머니들의 개인 청구권을 말살시킨 것이다.

〈사진: JTBC 방송 캡쳐〉

박근혜가 일본군 강제 위안부 할머니들의 재판에 소극적인 이유는 박정희가 기시 노부스케와 체결했던 한일 부속 협정 1조 '양국의 모든 청구권에 관한 문제는 완전히 그리고 최종적으로 해결된다' 때문일 것이다. 아버지의 업적을 딸이 망칠 수는 없기 때문이다.

〈아베와 박근혜. 사진: 아이엠피터〉

박정희의 롤모델이었던 기시 노부스케의 인연은 그대로 아베와 박근혜 정권으로 이어졌다.

다음은 1961년 8월, 박정희 당시 국가재건최고회의 의장이 기시 노부스케에게 보낸 친서다.

근계(삼가 아룁니다)

귀하에게 사신을 드리게 된 기회를 갖게 되어 극히 영광으로 생각합니다. 귀하가 귀국의 어느 위정자보다도 우리 대한민국과 국민에게 특히 깊은 이해와 호의를 가지고 한일양국의 백년대계를 위하여 양국의 견고한 유대를 주장하시며 그 실현에 많은 노력을 하시고 있는 한 분이라는 것을 금번 귀하가 파견하신 신영민 씨를 통하여 잘 알게 되었습니다.
동씨는 더욱 나와는 중학 동창 중에서도 친우의 한 사람인 관계로 해서 하등의 격의라든가 기탄을 개입시키지 않은 자유로운 논의를 수차 장시간에 걸쳐서 교환하였기 때문에 어느 누구보다도 우리 군사혁명정부의 오늘까지의 시정성과와 향후의 방침과 전망에 대하여 가장 정확한 판단과 이해와 기대를 가지고 돌아가게 되었다고 확신하오니 금후에도 동씨를 통하여 귀하와 귀하를 위요한 제현의 호의로운 협력을 기대하여 마지않습니다.

> 더욱 장차 재개하려는 한일국교정상화교섭에 있어서의 귀하(기시 노부스케)의 각별한 협력이야말로 대한민국과 귀국과의 강인한 유대는 양국의 역사적인 필연성이라고 주장하시는 귀의가 구현될 것이라고 생각합니다.
> 그러면 귀하에게는 신영민 씨가 약 이순에 걸쳐서 듣고 본 우리 국가의 정치경제 군사 민정 등 제실정을 자세히 보고 설명할 것으로 알고 나는 여기서 귀하의 건강을 축복하며 각필합니다.
> 1961년 8월 대한민국 국가재건최고회의 의장 박정희

이처럼 명백한 친일행각에도 불구하고 박정희 후손들은 이에 대해서 언급하면 고소, 고발을 남발하고 있다. 하지만 그것이 비록 굴욕적이고 아픈 역사라도 역사가들은 이를 정리할 필요가 있고 후세에 알릴 의무도 있다. 그 친일의 피가 윤석열 정권까지 이어지고 있기 때문이다.

CONNECTION

박정희와 박근혜의 대를 이은 친일

남로당에 가입했다가 백선엽에 의해 구사일생한 박정희는 6.25가 일어나자 반공투사로 변했고, 5.16 군사 정변을 일으켜 집권했다. 그리고 1965년 일본과 굴욕적인 '한-일 양국의 국교관계에 관한 조약(기본조약)'을 조인함으로써 수교하였다. 당시 김종필이 막후 역할을 했고, 일제 강점기 박정희의 스승인 기시 노부스케가 적극 협조했다.

〈사진: 민족문제연구소〉

당시 중앙정보부장이었던 김종필은 박정희의 지시를 받고 일본으로 건너가 외무장관 오히라 마사요시 간 비밀 회담을 가졌다. 막후에는 일본의 실력자 기시 노부스케가 있었는데, 바로 아베의 외조부다.

"한일협정 소식이 전해지자 한국에서는 야당과 학생 등의 반대 운동이 극렬하게 전개되었다. 1964년 3월 정부가 한일외교정상화 방침을 밝히자 이에 반발하여 전국 각지에서 대규모 시위가 벌어졌으며 학생데모대가 중앙청에 몰려가고 파출소를 파괴하는 등 시위가 격화되었다. 이에 박정희 대통령이 전국 비상계엄령을 선포하고 모든 학교에 휴교령을 내리는 이른바 '6.3사태'가 발생하였다."

- 다음백과

박정희 정권은 야당과 학생들의 반대를 무릅쓰고 꾸준히 일본과 교섭한 결과 1965년 6월 22일 국교정상화 교섭을 마무리지었다. 한국의 외무장관 이동원, 한일회담 수석대표 김동조와 일본 외무장관 시이나 에쓰사부로, 수석대표 다카스기 신이치 사이에 '한일 기본조약'이 조인되었다.

1965년 7월 14일 민주공화당의원들이 '대한민국과 일본국 간의 조약과 제협정 및 그 부속문서의 비준동의안'을 단독으로 국회에 상정하자 민중당 소속 국회의원 61명은 의원직사퇴서를 제출하며 맞서는 등

여야의 대립이 극에 달했다. 결국 8월 14일 야당의원들이 불참한 가운데 한일협정비준동의안이 의결되었다.

〈사진: 민족문제연구소〉

그렇다면 한일 기본조약 내용은 구체적으로 뭘까? 다음백과는 이렇게 기록하고 있다.

> "한일 기본조약은 7개조로 구성된 '대한민국과 일본국 간의 기본관계에 관한 조약'기본조약)과 이에 부속된 4개의 협정 및 25개의 문서로 구성되어 있다.
>
> 조약의 부속협정으로는 '청구권·경제협력에 관한 협정', '재일교포의 법적지위와 대우에 관한 협정', '어업에 관한 협정', '문화재·문화협력에 관한 협정' 등이 있다.
>
> 이 기본조약에 의하여 한-일 양국은 외교, 영사관계를 개설하고

한일합병 및 그 이전에 양국 간에 체결된 모든 조약 및 협정이 무효임을 확인하였으며 일본은 대한민국정부가 한반도에 있어 유일한 합법정부임을 인정하였다.

그러나 일본의 침략 사실 인정과 가해 사실에 대한 진정한 사죄가 선행되지 않았고, 청구권문제, 어업문제, 문화재반환문제 등에서 한국 측의 지나친 양보가 국내에서 크게 논란이 되었다.

〈사진: 민족문제연구소〉

5·16군사정부는 '국가자주경제의 재건'을 목표로 삼고 일본자본의 도입을 위하여 한일회담을 적극적으로 추진한 결과 1961년 10월 20일 제6차 회담이 재개되어 한일교섭의 분위기는 고조되었으나, 청구권액수·평화선문제·독도문제 등으로 또다시 교착상태에 빠졌다.

〈한일회담 반대. 사진: 민족문제연구소〉

한일회담의 조기타결을 원한 군사정부는 이듬해 10월 당시 중앙정보부장 김종필(金鍾泌)을 일본에 파견하여 일본 측과 비밀회담을 가지게 한 결과 이른바 '김(金)-오히라(大平)메모'를 통하여 한일 간의 가장 큰 쟁점이었던 청구권문제가 타결되었으며, 어업협정문제 등도 1964년 4월에 이르러 타결되어 사실상 10여 년 만에 한일회담의 종결을 눈앞에 두게 되었다.

그러나 한국 내에서 제3공화국의 대일회담 자세를 비판적으로 보았던 야당·학생들의 반대데모가 극심하여 6월 3일 계엄령이 선포되는 등 한국 정세가 혼란에 빠짐으로써 회담이 다시 중단되었다가 12월에 이르러 7차 회담이 속개된 뒤 1965년 6월 22일 일본수상관저에서 기본조약을 포함한 4개 협정이 정식으로 조인되었다.

기본조약에 의하여 한일 양국은 외교·영사관계를 개설하고 한일합병 및 그 이전에 양국 간에 체결된 모든 조약 및 협정이 무효임을 확인하였으며, 일본 측은 대한민국 정부가 한반도에 있어서 유일한 합법정부임을 인정하였다.

〈사진: 민족문제연구소〉

〈청구권·경제협력에 관한 협정〉에서는 일본이 3억 달러의 무상 자금과 2억 달러의 장기저리 정부차관 및 3억 달러 이상의 상업 차관(교환공문)을 공여하기로 합의를 보았다. 어업협정에서는 양국연안 12해리의 어업전관수역을 설정하고, 어업자원의 지속적 생산성을 확보하기 위한 일정한 공동규제수역을 설정하였다. 한편, 〈재일교포의 법적지위와 대우에 관한 협정〉에 의하여 재일 한국인이 영주권을 획득할 수 있는 길이 열렸으며, 〈문화재·문화 협력에 관한 협정〉을 통하여 일제통치기간 동안 일본으로 유출된 다수의 문화재를 반환받을 수 있게 되었다."

- 다음백과

한국의 수구들은 한일협정으로 받은 돈으로 고속도로 건설, 포항제철 등을 건립해 산업 발전을 이루었다고 자화자찬하지만 그것으로 일제 강점기 피해를 본 사람들의 개인적인 대일 청구권이 막혔다. 즉 박정희는 국민이 흘린 피와 땀을 돈으로 바꾸어 버린 것이다. 박정희 정권은 이후 월남파병으로 미국으로부터 받은 돈도 전횡한 게 드러났다.

〈박근혜와 아베. 사진: 연합뉴스〉

한편 박정희의 딸 박근혜는 일본과 '불가역적인' 한일위안부 합의를 해주어 위안부 할머니들의 개인 청구권까지 말살시켰다. 아버지는 한일협정으로 일제 35년을 팔아먹고, 딸은 일본 10억 엔(우리 돈 약 100억 원)에 할머니들의 영혼을 팔아먹었으니 대를 이어 친일을 한 셈이다.

CONNECTION

조선일보와 독재 정부의 커넥션

조선일보를 인수한 방응모가 친일행각을 한 것은 주지의 사실이다. 따라서 그 후손들이 역시 친일파인 박정희를 추종하는 것은 당연한 수순이었다.

〈박정희에게 훈장 받는 방우영 조선일보 사장〉

조선일보는 아예 박정희 장기 집권의 기획자였고 수호자였다. 날이면 날마다 박정희 찬양 기사를 올렸고, 3선 개헌이 정당하다고 홍보했다.

그 덕분인지 박정희는 3선에 성공했다. 박정희는 그 보은으로 방우영 조선일보 사장에게 최고 등급 훈장인 국민모란장을 수여하고 치하했다. 친일파끼리 상부상조(相扶相助)한 것이다. 우리는 이런 걸 흔히 '커넥션'이라고 한다.

조선일보는 당시 벌어졌던 여당의 위법적인 선전 운동과 공무원을 동원한 부정 투표에 대해선 침묵했다. 조선일보는 호외까지 발행하여 3선 개헌이 통과될 수 있도록 홍보했다. 그렇게 해서 박정희의 장기 지권의 길이 열렸다.

3선 개헌이 통과되자 박정희는 조선일보 사장 방우영에게 국민훈장 모란장을 수여했다. 국민훈장은 국가와 사회 발전에 공헌한 사람들에게 주는 최고의 훈장인데, 3선 개헌에 으뜸 공을 세운 조선일보 사장에게 그 훈장을 준 것이다.

〈박정희가 조선, 동아 일보 사장들에게 준 훈장〉

그 후 조선일보는 '밤의 황제' 혹은 '밤의 대통령'이라 불릴 정도로 호가호위했다. 방일영 사장은 박정희와 술자리를 함께 할 정도로 가까웠다. 조중동이 권력에 아첨하고 이익을 나눈 것이야 지금도 여전하지만, '친일'과 맥이 닿아 있는 조선일보와 박정희의 커넥션은 해도 너무할 정도였다.

> "이런 과정에서 박정희는 자신을 '대통령 형님'이라 부르는 방일영을 '우리나라에서 제일 팔자가 좋은 사람'이라며 부러워했다고 한다. 그러면서 하는 말이 '낮에는 내가 대통령이지만 밤에는 임자가 대통령이구먼'이라고 말했다고 한다.
>
> \- 뉴스타파 기사 중

박정희와 조선일보의 커넥션은 코리아나 호텔 건립 때 더욱 본격화된다. 박정희가 일본 차관 특혜를 제공한 것이다. 비로소 '친일'의 인맥이 맞닿은 것이다.

다음은 신홍범(전 조선일보 기자, 전 조선자유언론수호투쟁위원회 위원장) 씨가 뉴스타파 인터뷰 때 한 말이다.

> "1968년 5월인가 조선일보하고 권력 사이에 아주 굉장히 주목할 만한 사건이 일어납니다. 조선일보가 코리아나 호텔을 짓는데 일본으로부터 400만 달러에 달하는 상업차관을 들여온 사건이 있었습니다. 당

시 400만 달러라면 굉장히 큰돈이었어요. 그때 시중 은행의 금리가 연 26%였는데, 조선일보가 부담한 금리는 7% 정도에 지나지 않았어요. 박정희 정권이 조선일보에 굉장한 특혜를 준 겁니다. 그것이 저는 조선일보와 권력 간의 유착이 본격적으로 시작된 거라고 보고 있거든요."

〈사진: 자유언론실천협의회〉

박정희가 장기 집권을 시도하자 신민당은 물론 재야의 함석헌, 장준하가 3선 개헌을 반대했다. 장준하는 박정희 독재 권력에 저항하다가 의문의 죽음을 당했다.

당시 장준하의 두개골엔 망치로 때린 자국이 선연했다. 그러나 박정희 정권은 장준하를 단순한 실족사로 처리했다. 조국의 독립을 위해 수만 리를 걸어 중국으로 간 순결한 영혼 장준하는 친일파 박정희 일당에게 제거된 것이다.

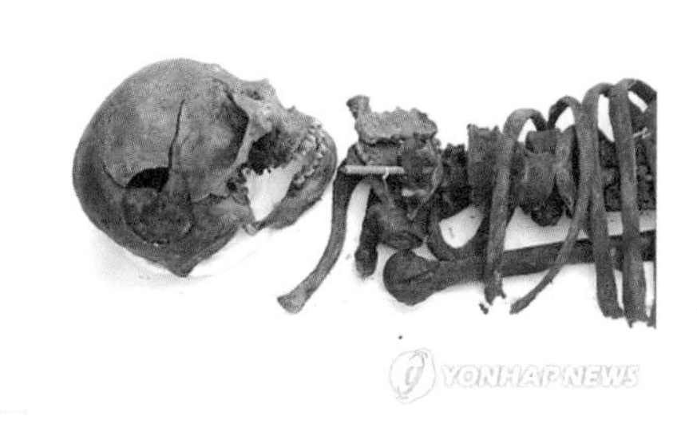

〈두개골에 난 둥근 망치 자국. 사진: 연합뉴스〉

“못난 조상이 되지 않겠다.”

장준하 선생은 그 말을 남기고 수만 리를 걸어 중국으로 항일 독립 투쟁을 하기 위해 떠났다. 그러나 박정희는 장준하 선생이 ‘유신 헌법 개정 청원을 위한 100만인 서명 운동’을 주도하였다는 죄로 탄압했고 결국 제거했다.

〈청년 독립군 장준하. 사진: 민족문제연구소〉

이처럼 박정희는 일제엔 부역하고 민주화 운동을 한 사람들을 철저히 탄압하고 제거했다. 그러나 인과응보라 했던가, 그런 박정희도 부하 김재규에 의해 피살되고 18년 장기집권의 막을 내렸다. 그 전에 이승만은 3.15 부정선거로 4.19가 일어나 하야하고 미국으로 망명을 갔다가 쓸쓸히 죽었다.

〈유신의 심장을 쏜 김재규. 사진: 민족문제연구소〉

'친일'이라는 공통의 인연으로 맺어진 박정희와 조선일보의 커넥션은 이후 벌어진 언론통제에도 영향을 미친다. 1975년 조선일보 기자들이 박정희 정권의 언론탄압에 맞서 제작거부와 편집국 점거농성에 들어가자 조선일보는 시위에 가담한 32명을 전격 해고한다. 그때 박정희 정권의 도움이 있었음은 불문가지다. 그 역사는 전두환-이명박-박근혜-윤석열 정권으로 이어진다. 조선일보의 역사는 친일과 권력의 커넥션의 역사였던 것이다.

박정희가 부하 김재규 중앙정보부장의 총탄에 죽자 전두환이 12.12 군사 쿠데타를 일으킨 후 광주 시민을 무자비하게 살육하고 권자에 올랐다.

人間 全斗煥

私에 앞서 公 나보다 國家 앞세워
自身에게 엄격하고 責任 회피 안해

利害 관계 얽매이지 않고
남에게 주기 좋아하는 성격

운동이면 못하는것 없고
生徒시절엔 축구부 주장

〈조선일보의 전두환 찬양 기사〉

그러자 이번에도 조선일보가 나서 전두환 찬양에 나섰다. 참고로 전두환은 박정희의 양아들이라 할 정도로 두 사람은 친했고, 세계 챔피언 복싱 시합이 벌어지면 전두환이 청와대로 가서 직접 해설을 했다고 한다.

조선일보는 광주 시민들을 '폭도'로 매도했고, 전두환을 '단군 이래 최대 지도자'라 칭송했다. 전두환 시절, 조선일보가 비약적으로 발전한 것은 그에 대한 보은이다.

전두환은 광주시민을 총칼로 무자비하게 학살하고 '국가보위비상대책위원회(이하 국보위)'를 출범시키는데, 여기에 방우영 조선일보 사장이 국보위 입법위원으로 참여한다. 언론사 사주가 국보위에 참여한 것은 조선일보가 유일하다.

〈방우영 조선일보 사장과 악수하는 전두환〉

조선일보는 광주시민을 '난동자', '폭도'로 매도하였고, 조선일보 계열사 TV조선은 노골적으로 5.18 때 북한군이 개입했다는 가짜 뉴스를 퍼트렸다.

이승만–박정희–전두환으로 이어진 조선일보의 커넥션은 윤석열까지 이어졌다.

〈윤석열과 방상훈. 사진: 굿모닝 충청〉

일제 강점기 때는 일제에 부역해 민족을 배신하고, 군부 독재 시절에는 권력에 야합해 민중을 배신한 곳이 조선일보다. 윤석열 정권은 그 연장선에 있다.

CONNECTION

부수 조작해 부동산 재산만 2조 5000억 불린 조선일보

친일매국신문 조선일보가 자칭 '1등 신문'이라 자랑하더니 부수를 조작해 정부 보조금을 탔다는 것이 밝혀져 충격을 주고 있다.

〈사진: 연합뉴스〉

그러자 검찰이 조선일보 본사를 압수수색했는데, 아마도 최근 조선일보가 윤석열 정권에 쓴소리를 자주 한 것과 관계가 있어 보인다. 즉 압수수색을 해 조선일보의 입을 닫게 하겠다는 뜻으로 읽힌다.

고발 당시 김승원 민주당 의원은 "조선일보가 작년에 116만 부 유료 부수를 가지고 국가로부터 보조금과 정부 광고를 받았는데 유료부수가 절반밖에 안 된다면 절반은 사기로 받은 것으로, 국민 세금을 탈취한 범죄에 해당한다."라고 주장했다.

한편 조선일보 신문지가 통째로 동아시아로 팔려나간다는 보도도 나왔다. 즉 조선일보가 부수를 조작하기 위해 더 찍은 신문지가 한국에서 개봉도 하지 않고 바로 태국, 필리핀, 태국의 시장에 포장용으로 팔려나간다는 것이다.

〈사진: MBC〉

자칭 '1등 신문'이라 자부심이 대단한 조선일보는 검찰의 압수수색을 받고 윤석열 정권에 보내던 쓴소리를 자제하고 있다. 그러나 무엇보다 부끄러운 것은 우리나라 신문이 동아시아 시장에서 포장용으로 팔리고 있다는 사실이다.

〈사진: MBC 스트레이트〉

보조금법 위반 혐의가 입증될 경우 보조금 환수 조치와 함께, 보조금법 33조 등에 의해 부정이익의 500%에 대한 제재부가금이 부과된다. 조선일보사의 부수조작 의혹이 사실로 확인될 경우, 조선일보사는 최대 1회에 800만 원의 부정이익을 본 셈이다.

단순계산으로 300일 동안 신문 1면에만 최대 2300만 원짜리 정부 보조금 광고가 집행됐다고 계산하면, 1년에 120억 원의 부정이익, 제재부가금은 5배인 600억 원이 된다. 보조금에 대한 감사가 평균 5년, 또 다른 면에도 정부 보조금 광고가 집행됐음을 감안하면 최소 수천억 원의 제재부가금이 부과될 것으로 보인다고 TF관계자는 말했다.

신문의 발행, 유가부수를 조사해 발표하는 한국 ABC의 '2020 한국 ABC 신문부수 공사보고서'에 따르면, 2019년도 기준 조선일보는 116만 부, 동아일보는 73만 부, 중앙일보는 67만 부로 각각 조사됐다.

부동산 재산만 2조 5000억 원인 조선일보

문재인 정부 시절, LH사건을 그토록 잔인하게 물어뜯어 선거판까지 뒤집어 놓게 한 조선일보가 정작 자신들의 부동산 재산이 2조 5000억 원이나 된다는 사실이 밝혀져 충격을 주고 있다.

김의겸

조선일보 및 방상훈 사장 일가 전체 부동산 규모

지목별 현황

지목	면적(평)
대지	13,131
임야	319,965
유지	31,349
공장용지	6,902
전	6,976
기타	2,797
계	381,122

소유자별 현황

소유자	면적(평)
방상훈	319,952
방준오	36,545
조선일보	13,240
방성훈	7,647
기타	3,737
계	381,122

〈사진: 민주당 김의겸 의원실〉

민주당 김의겸 의원이 확인한 것에 따르면 조선일보는 서울 및 지방에 사 둔 부동산 재산만 약 2조 5000억 원인 것으로 알려졌다. 그래놓고

문재인 정부의 부동산 정책이 실패했다고 떠들어대다니 기가 막힌다.

김의겸 의원이 밝힌 것에 따르면 조선일보와 방상훈 사주 일가가 보유한 부동산은 총 40만여 평으로 조선일보 광화문 사옥만 해도 토지면적만 3900평에 달하며, 주변 실거래가 등을 통해 추정한 시세는 평당 4억 원으로 총액은 1조 5000억 원으로 추산된다.

김 의원은 앞서 이날 오전 SNS를 통해 “상세한 내역이 공개되는 것은 우리 역사상 아마 처음일 것”이라며 “언론사와 사주의 재산을 공개하는 제도를 제안하려고 한다. 언론사와 그 사주가 막대한 부동산을 가졌을 경우 부동산 정책, 조세 정책에 대한 공정하고 균형 있는 보도를 할 수 있는지, 국가와 국민보다는 자신들의 이익을 위해 움직이지는 않는지 함께 살펴보는 자리가 되었으면 한다.”라고 주문했다.

〈사진: 민주당 김의겸 의원실〉

김의겸 의원은 이날 "조사하지 못한 부동산이 더 있을 수 있다면서 조선일보와 그 사주 일가가 보유한 부동산은 총 40만여 평으로 시가 2조 5000억 원 규모"라며 언론사·사주의 재산을 공개하는 법안을 발의하겠다고 예고했다.

〈사진: 김의겸 의원실〉

한편 윤석열의 장모가 전국에 소유한 땅이 모두 19만 평이란 보도도 나왔다. 장모가 아파트 단지를 지은 양평 공흥지구는 불법 천지였다.

CONNECTION

최악 신문 조선일보와 최악 정권 윤석열

조선일보가 성매매 기사를 올리면서 조국 가족사진을 일러스트로 사용해 충격을 주었다. 사실상 조국을 죽여 윤석열을 지지하기 위한 꼼수로 읽힌다.

〈사진: MBC〉

조선일보가 성매매로 남성들을 유인해 금품을 훔친 절도단을 보도하면서 조국 전 법무부 장관 부녀의 이미지를 넣어 비난이 폭주하고 있다. 뿐만 아니라 이 기사의 삽화에는 항일 독립지사까지 교묘히 모욕해 4대째 반민족 범죄를 이어가는 조선일보의 친일본색이 고스란히 드러났다는 지적이다.

한국과 달리 미국은 조작이나 오보 등의 허위 기사를 내 명예훼손을 한 언론에 소송을 내면 천문학적 금액이 배상된다. 특히 '악의적 오보'로 판명나면 징벌적 손해보상제도를 적용, 엄청난 금액을 배상해야 한다. 미국에서 명예훼손 또는 악의적 오보에 대한 손해배상 비용은 평균 15억~20억 원에 달한다. 배상액 때문에 언론사가 문 닫는 경우도 있다.

케이블 방송 OCN에서 '호국 보훈의 달'이라고 무명의 항일 의병을 기리는 〈미스터 선샤인〉을 재방송하고 있다. 조선일보는 항일 독립운동가들도 성매매 기사에 삽입해 '조국 부녀'와 함께 모독하고 있다. 한 네티즌은 다음과 같이 분노를 표출했다.

> "방가 폐지공장의 악마들은 아주 디테일하게 항일 광복전쟁의 영웅들도 모독하고 있는데, 드라마 캐릭터지만 너무나 명백하고 유명한 항일투사의 캐릭터다. '광복회'에서 이걸 묵과하지 않기를 바란다. 대한민국 광복전쟁에 헌신한 무명의 의병을 함께 모욕한 범죄라고 생각한다. 한국인이라면 저런 짓을 할 수 없다. 적국 간자임을 의심한다."

조국 전 장관은 SNS를 통해 "이 그림을 올린 자는 인간이냐"라며 분개하고 네티즌 비난이 빗발치면서 파문이 확산되자 조선일보는 해당 삽화를 교체한 뒤 담당 기자의 실수로 떠넘기고 사과하는 척했다.

조선일보는 지난해 8월에도 "조민 씨가 세브란스 병원 피부과를 일방적으로 찾아가 조국 딸을 내세워 인턴으로 지원했다."라는 허위 기사를 낸 뒤 불과 하루 만에 "사실 관계 확인을 충분히 거치지 않은 부정확한 기사"라며 오보를 인정하고 사과한 바 있다. 당시 조 전 장관은 조선일보 기자 등을 형사고소하고 4억 원의 손해배상 소송을 낸 바 있다.

조 전 장관은 이번에도 조선일보의 사과를 면피성으로 보고 법조치를 예고했다. 그는 "제 딸 관련 악의적 보도에 대한 조선일보의 두 번째 사과. 상습범의 면피성 사과입니다. 도저히 용서가 안 됩니다. 법적 책임을 묻겠습니다. 국회는 강화된 징벌적 손해배상제 도입을 서둘러 주십시오."라고 국회에 촉구했다.

언론의 바우처미디어 제도를 제안한 김승원 더불어민주당 의원은 SNS를 통해 "조선일보는 성매매 보도를 하면서 전직 장관과 그 따님을 떠오르게 하는 그림을 넣었다. 참으로 '인간말종의 짓'이다. 몰랐다구요? 뻔뻔한 거짓말이고, 가해자로서 더욱 가중처벌받아야 할 '뉘우

침 없는 변명'이다."라고 직격했다.

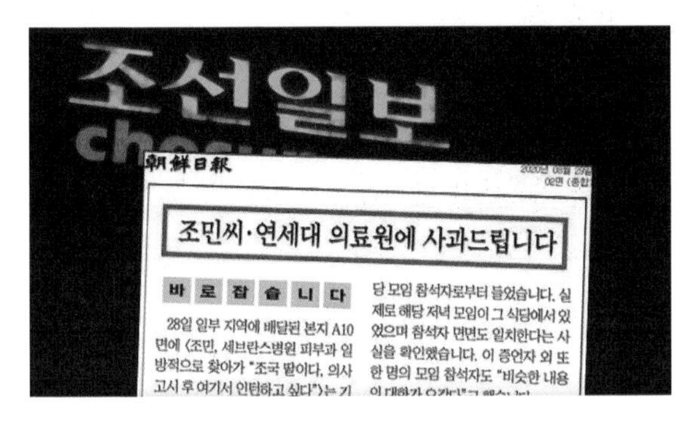

朝鮮日報

조민씨·연세대 의료원에 사과드립니다

바로잡습니다

28일 일부 지역에 배달된 본지 A10면에 〈조민, 세브란스병원 피부과 일방적으로 찾아가 "조국 딸이다, 의사고시 후 여기서 인턴하고 싶다"〉는 기

당 모임 참석자로부터 들었습니다. 실제로 해당 저녁 모임이 그 식당에서 있었으며 참석자 면면도 일치한다는 사실을 확인했습니다. 이 증언자 외 또 한 명의 모임 참석자도 "비슷한 내용

〈조선일보가 올린 사과문〉

그러면서 "조선일보는 오히려 언론권력을 방패 삼아 오랫동안 특권을 누리고 있다. 불공정의 어둠속에서 그 사주는 갖가지 특혜를 누리고 있다."라며 "'지연된 정의는 정의가 아니다.' 아직도 우리나라에 남아있는 소수 특권층의 카르텔을 깨버려, 그들이 취하는 부정한 이득과 특권을 타파하겠다."라고 다짐했다.

한편 조선일보는 이명박 정부의 최대 실패작 4대강 사업도 옹호해 논란이다. 4대강에 가면 녹조가 발생해 마치 무슨 풀밭 같은데, 조선일보는 문재인 정부가 추진하던 보 철거가 잘못되었다고 게거품을 물었다. 조선일보-대형 건설사-수구 정권은 이익 카르텔로 엮어 있다.

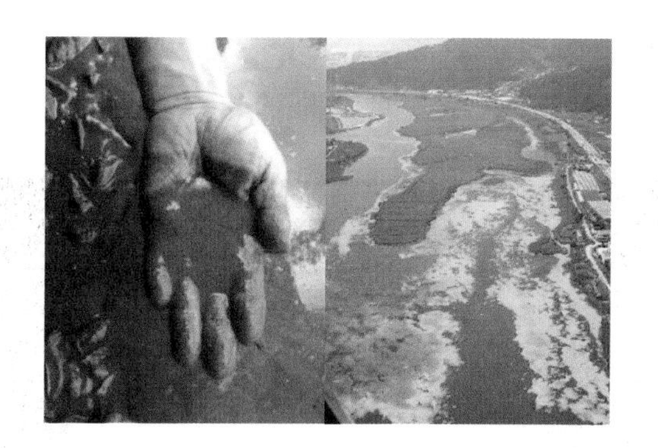

〈사진: 다음 카페〉

윤석열 정권도 4대강 보 철거에 반대하고 있다. 하긴 "일본 후쿠시마 원전은 폭발하지도 않았고, 방사능 유출도 없었다."라고 한 윤석열에게 뭘 기대하겠는가.

이승만–박정희–전두환–이명박–박근혜–윤석열로 이어진 수구 정권의 내밀한 곳에는 친일의 유전자가 흐르고 있다. 맹목적인 정권교체 여론에 편승해 윤석열을 지지했던 사람들도 요즘은 손가락을 자주 쳐다본다고 한다.

최악 신문 조선일보와 최악 정권 윤석열이 만났으니 남은 것은 몰락밖에 없다. 벌써 그 전조가 사방에서 터져 나오고 있다.

촘촘히 엮여 있는 기득권 카르텔

지금까지 조선일보의 친일 커넥션, 독재 정부의 친일 커넥션, 그리고 윤석열 정권의 친일 커넥션을 이미 보도된 것을 위주로 고찰해 보았는바, 국힘당-검찰-언론-재벌은 사각 카르텔을 형성해 부와 권력을 손에 넣고 떵떵거리며 살고 있다. 특히 조선일보의 반민족적이고 반민주적인 행위는 응징받아 마땅하다.

공정과 상식을 외치고 자신들의 비리는 모두 덮는 이 모순된 세력들이 대한민국을 다시 천황폐하의 나라로 만들기 위해 발악을 하고 있다.

하지만 그들 뒤엔 항상 이 땅의 양심 세력과 촛불 시민들이 두 눈 부릅뜨고 있다는 것을 명심해야 할 것이다. 우리가 어떻게 이루어 놓은 대한민국을 친일 매국 세력과 검찰, 무속 나부랭이들이 좌우해서야 되겠는가?

이 책은 그 통한의 외침이자, 수구들에게 보내는 경고다.

2022년 가을에

백은종, 유영안

커넥션

초판 1쇄 발행 2022년 10월 1일

지은이　백은종, 유영안
펴낸이　백은종
펴낸곳　서울의 소리
주소　서울시 영등포구 버드나무로56, 5층 501호
전화　010-6801-5900/010-3633-4399

ISBN　979-11-956134-9-6 (03300)

- 가격은 뒤표지에 있습니다.
- 지은이와 협의해 인지는 생략합니다.
- 파본은 구입하신 서점에서 교환해 드립니다.